STATIONS POUR LES JOURS SAINTS

Retraite.

Spirituelle.

Précis du Discours de la veille de la Retraite

Le titre d'Epouse de J. C. demande de l'ame Religieuse une perfection au-dessus du commun des fideles. sous ce point de vue la retraite lui est donc plus necessaire, d'ailleurs elle a besoin de se pénétrer plus intimement des grandes vérités de la Religion pour atteindre à la Sainteté qui est le but de sa vocation; ses fautes sont d'un bien plus grand poids, que celles des simples Chrétiens, il faut donc qu'elle cherche sérieusement les moyens de les éviter. Les fruits qu'elle peut retirer de la retraite sont le don d'oraison, une humilité profonde et qui le feront courir avec rapidité dans la voie de la perfection.

Les dispositions pour profiter de la retraite sont d'y entrer avec une grande confiance, un cœur généreux, et une ame humble, les moyens particuliers que l'on doit employer sont la fidélité au silence, et à tous les exercices de la retraite.

1.er Jour

1.er Discours sur la Sainteté

La volonté de Dieu est que vous soyez Saintes.

Lorsqu'on prêche les Chrétiens sur la fin de l'homme, on n'a d'autre but que de leur prouver, que le Salut est cette fin nécessaire: Mais pour vous Religieuses, Epouses de J. C. votre fin est la Sainteté; Considérez donc avec moi, qu'elle est la sublimité de cette vocation, et quels en sont les obligations.

1.er Point

Pour comprendre quelle est la

4.

sublimité de la fin à laquelle vous êtes appelées. il faudroit concevoir de quelle beauté est aux yeux de Dieu une ame en état de grace; Elle en telle que le moindre degré de la grace Sanctifiante que possède un Enfant qui sort des eaux baptismales rend son ame plus belles que les Anges, ne le sont dans leur état naturel. Vous donc, Epouses de J. C. qui par votre vocation êtes appelées non seulement à travailler à votre sanctification, mais a procurer celles des fidèles en partageant nos travaux apostoliques, sentez la sublimité de votre vocation; et n'oubliez pas que tout religieux, recevant à lui seul plus de grace qu'il n'en faudroit pour sauver plusieurs hommes, est chargé en quelque sorte de la sanctification de plusieurs ames qu'il peut procurer en faisant des progrès dans la vertu et produisant chaque jour des fruits de Sainteté.

2e Point

Les obligations de tendre à la Sainteté se trouvent dans la volonté de Dieu qui est tout amour, et qui ne peut aimer les Créatures que pour lui et en lui, donc cet Etre parfait exige d'elles la Sainteté; tout dans l'ordre naturel et surnaturel exige de l'ame Religieuse la sainteté. hors d'elle même toutes les créatures lui prêchent de tendre à sa fin, à leur exemple; au-dedans d'elle même, les graces particulières les inspirations divines la pressent de se porter uniquement vers Dieu; tout ce qui l'entoure, sa règle, l'exemple de ses Sœurs, l'habit qu'elle porte, les lieux qu'elle habite, les Sacrements auxquels elle participe, tout l'engage, tout la porte à la Sainteté. Convertissez-vous donc, Ames Religieuses, je ne dis pas du péché à la vertu: mais d'un certain état de lâcheté à la ferveur.

2e Discours
Sur la Prière

Priez et priez sans cesse

La prière est l'œuvre la plus parfaite de l'homme, on ne peut parvenir à la perfection que par la prière, aucune de nos actions ne sont méritoires, si elles ne sont accompagnées ou précédées de la prière. C'est Chrétien va donc rouler sur la prière en général, Quelle est la nature de la prière? Quelle est sa noblesse, quels sont les avantages et sa nécessité.

Quelle est la nature de la

Prière, et en quoi consiste-t-elle ?
Dans l'élévation de l'Esprit, et dans l'élévation du Cœur. Dans l'élévation de l'esprit qui se sépare de toutes les choses de la terre pour se porter vers Dieu, ou plutôt qui ne cherche et ne voit que Dieu dans les choses de la terre. L'élévation du cœur est encore plus essentielle à la Prière puisqu'elle consiste dans le desir qui en est l'essence. Si votre Prière n'a pas eu ces qualités vous n'avez pas encore prié; Celui qui réciteroit l'Oraison dominical dans ces dispositions obtiendroit de grandes graces, et acquéreroit chaque fois un accroisse-

ment d'amour qui le feroit avancer nécessairement dans la voie du Salut : On ne pense pas assez à la sublimité de cette Oraison composée par notre Seigneur, son efficacité est telle que si on la récitoit avec une foi vive, on n'obtiendroit non seulement la rémission des péchés véniels ; mais encore toute espece de grace spirituelle ou temporelle. Nous y appelons Dieu notre Pere. ah ! quels sentimens d'une tendre confiance doivent naître dans notre ame ; Nous le prions en union avec J. C. son divin fils, pour nos freres, ah ! notre Priere ne peut manquer d'être exaucée, si elle est accompagnée de l'Elévation de l'esprit et du cœur.

10 Mais par les actes de foi d'espérance et de Charité, pensons nous que nous reconnoissons Dieu comme l'être le plus parfait, comme celui qui est notre dernière fin, comme la bonté et la beauté infinie. En récitant l'acte de foi embrassons toutes les vérités de la Religion par une adhésion pleine de soumission; Que l'acte d'Espérance soit animé de la confiance la plus entière dans les bontés miséricordieuses du Seigneur, mais l'acte de Charité est le plus excellent puisque nous y aimons Dieu pour lui-même et non seulement pour ses perfections infinies, Concevez donc bien que l'Elévation

de l'Esprit et du Cœur, vers les objets que nous offrent ces actes, accompagnée des sentimens qu'ils doivent faire naître dans notre ame, forme essentielement l'acte de foi, d'Espérance et de Charité, on pourrait donc en produire véritablement sans en reciter la formule.

La noblesse de la Prière, il n'est point d'exercice qui nous élève plus au dessus de nous-mêmes que la Prière, en priant nous devenons en quelque sorte les médiateurs du Monde, placés entre le Ciel et la Terre, nous arrêtons le bras vangeur de Dieu. Ah! si les ames religieuses possedoient bien le don de la Prière, oui tous les malheurs cesseroient; ce que je viens de vous dire vous en prouve les avantages et la nécessité. Prions donc sans cesse que chacune de nos actions soit une prière par la pureté du cœur qui l'accompagne; mais prions avec humilité, avec persévérance et avec ferveur.

3.me Discours

Sur la Sainteté

La volonté de Dieu est que vous deveniez des Saints.

La Sainteté à laquelle vous êtes appelées est une émanation de la Sainteté de Dieu même; puisque Dieu veut que vous soyez Saintes, rien donc ne peut s'opposer à votre Sanctification, si votre volonté n'y met obstacle; votre Sainteté est donc entre vos mains; Dieu la desire souverainement, mais il vous laisse la liberté de l'opérer, ou de ne l'opérer pas, parcequ'il veut être servi par des êtres libres et non par des esclaves. Dieu vous prouve la véhémence de son desir par les trésors immenses de ses graces qu'il met à votre disposition, par les mérites de son fils unique fait homme pour l'amour de vous et de la vie duquel tous les mystères sont autant de preuves de son ineffable bonté; Soyez donc remplies d'une vive confiance de parvenir à la Sainteté, si vous en avez la volonté; car qui peut s'opposer en vous à la volonté de Dieu si la votre l'embrasse fortement; Mais c'est justement votre propre volonté que vous avez à redouter, à laquelle se joignent des craintes, des tentations, et la profondeur des jugemens de Dieu. Votre propre volonté, il est vrai, est corrompue, est foible, est incertaine; mais combattez ses mauvais penchans, et dirrigez-la sans cesse vers Dieu, et vous acquererez la Sainteté. Vos craintes, elles sont vaines dans quelques positions que vous vous trouviez, si vous y êtes placées par la main de Dieu tout contribuera à votre Sainteté. Vos tentations, toutes les puissances de l'Enfer déchaînées ne peuvent rien contre vous, si Dieu est pour vous, et sans doute il vous protège puisqu'il veut votre Sainteté. Enfin la profondeur des jugemens de Dieu, âmes religieuses ses jugemens ne sont redoutables que pour ceux qui ne travaillent pas à acquérir la Sainteté, ou qui le font lâchement.

Ranimez donc votre confiance, regardez sans cesse Dieu et espérez que vous parviendrez à la Sainteté et à la plus haute Sainteté. Travaillez donc à devenir Saintes non seulement par le motif de la sublimité de votre vocation, et par reconnoissance des trésors de graces que le Seigneur a mis entre vos mains. Mais surtout parceque telle est la volonté de Dieu que vous deveniez Saintes, afin qu'il vous rende un jour participantes de son propre bonheur.

2.eme Jour.
1.er Discours.

Sur le Péché mortel.

Quand l'Abomination de la désolation prédite par le Prophete Daniel, sera dans le lieu saint que celui qui lit entende bien ce qu'il lit.

Je dois prendre le sens moral de ce passage, l'abomination est le péché mortel, qui produit la désolation dans le lieu saint qui n'est ~~autre~~ chose que l'ame chrétienne; je me contenterai donc de vous faire comprendre que le péché mortel est une abomination en lui même; et qu'il cause dans l'ame qui le commet une abomi-nation par l'alliance qu'il contracte avec elle, alliance volontaire, monstrueuse, et entière.

1.er Point

Le péché mortel est une abomination, expression qu'employe l'Ecriture sainte en parlant de l'Idolatrie; et en effet le péché n'est-il pas l'Idole de celui qui le commet, puisqu'il lui sacrifie tout jusqu'à son Dieu. Le péché est une abomination; tout dans la nature est bon tout tend à la fin pour laquelle il a été créé, l'Enfer même est bon dans l'ordre naturel, puisqu'il venge la miséricorde divine et satisfait la justice céleste. Il n'y a que le péché qui soit essentielement mauvais, parcequ'il est une révolte contre la volonté divine, rien d'horrible, rien de difforme que le péché, c'est l'abomination, qui excite la haine implacable de Dieu et de tous les êtres raisonnables.

2ème Point

En second lieu le péché mortel cause une abomination dans l'ame qui le commet par l'alliance volontaire qu'elle fait avec lui ; Elle veut désobéir à Dieu résister à sa volonté et c'est en cela que consiste le péché, et qu'elle devient abominable aux yeux de la divinité : son alliance est encore monstrueuse ; d'Enfant de Dieu, de membre de J. C. de temple du St Esprit, elle devient l'esclave de Satan, le repaire des Démons, un objet d'horreur aux Anges. Enfin elle contracte une alliance si intime que le péché la remplit toute entière et fait de toutes ses œuvres mortes, des œuvres marquées au coin de l'abomination, l'âme coupable du péché mortel devient même haïssable aux Démons, qui en demandent justice, et qui voudroient déja qu'elle devint leur proie, eux qui ont été aussitôt punis que coupables. Ames Religieuses, que cet exposé que je viens de vous faire ne peut-il produire en vous une horreur extrême du péché et un vif et efficace désir de sortir du malheureux état du péché si vous y étiez tombées !.

2^d. Discours
Sur l'Oraison

Vous adorerez en esprit et en vérité, ce sont de tels adorateurs, que mon Père demande.

J'ai dessein de vous faire la comparaison de la prière vocale, avec la prière mentale, ensuite de vous montrer la nécessité de la prière mentale et de vous déveloper la pratique

D'abord la Prière vocale ne peut être d'aucune efficacité qu'elle ne soit accompagnée de la Prière mentale; tandis que la Prière mentale toute seule est sûrement exaucée: La Prière vocale unit tous les fidèles et leur fait imiter les concerts des Anges; la Prière mentale nous élève vers Dieu et nous unit à la Divinité. La Prière vocale est utile à l'Église en générale; et la Prière mentale l'est à chaque fidèle en particulier. Enfin la prière vocale est un hommage que l'homme rend à la Divinité par l'organe qui le distingue des autres Êtres animés; et la Prière mentale est ce silence éloquent qui pousse un cris vers Dieu et qui ne peut manquer d'être exaucée. Dans la Prière vocale ce sont il est vrai les expressions inspirées par l'Esprit Saint que nos levres prononcent; Mais dans la Prière mentale c'est l'ame qui cherche Dieu, qui s'unit à Dieu, c'est l'Etre créé qui s'éleve vers l'Etre incréé, pour se perdre en lui

La necessité de la Prière mentale se prouve aisément par son excellence. Le Pécheur veut il rentrer dans les voies de la Justice qu'il prie mentalement L'Imparfait veut il avancer dans le chemin de la vertu qu'il s'adonne à l'Oraison mentale. Le Parfait veut il se soutenir qu'il

se nourisse de cette manne céleste.
Il y a trois sortes d'Oraisons ; l'Oraison de raisonnement ou la méditation, l'Oraison d'affection, et l'Oraison d'intelligence, ou de recueillement ; La première est le partage des Commençants ; la seconde celui des ames qui ont fait quelque progrès dans le renoncement à elle-même : et la troisième convient ordinairement à celles qui ne cherchant plus que Dieu en tout, et ne tiennent plus à la terre : C'est à cette sorte d'Oraison que les ames Religieuses sont appelées, mais peu y parviennent parcequ'elles manquent de fidélité et de générosité. Venons actuellement

à la pratique ; Dans la Méditation après s'être mis en la présence de Dieu, on s'occupe du sujet que l'on a pris (il est d'abord tiré des grandes vérités de la Religion) on l'applique à la réforme de ses défauts, surtout de celui que l'on a résolu de combattre dans examen particulier ; Mais il faut bien se mettre dans l'esprit que les distractions ne doivent point nous détourner de l'Oraison, elles font notre mérite lorsque nous ne nous y arrêtons pas : Vérité bien consolante pour les personnes qui en sont assaillies, et qui croyent perdre le temps dans ce Saint Exercice, tandis qu'il devient pour elles une Oraison de combats et de victoires :

25.

Arrêtons nous à un exemple, qui vous fasse sentir que la multitude des distractions ne doit point nous faire désespérer d'arriver au degré le plus élevé de l'Oraison; Une jeune personne qui apprend la musique, que de faux tons ne donnait-elle pas, lorsqu'elle commence à la déchiffrer. Un Enfant qui apprend à écrire, que de pages griffonées avant de former une bonne lettre: perd-on cependant l'espérance, de les voir un jour habiles l'un et l'autre dans ces deux arts; qu'il en soit ainsi de vous malgré les égaremens de votre esprit, ne perdez jamais la confiance de parvenir à le fixer uniquement en Dieu.

Dans l'Oraison d'affection c'est surtout la personne adorable de J. C. qui en est l'objet, cette espece d'Oraison demande une pratique exacte des devoirs de son état, dous Mesdames, la pratique fidele de votre regle; il ne faut pas dans cette Oraison multiplier trop les affections; mais plutôt suivre l'attrait de la grace et se détacher de plus en plus de toutes les choses de la terre. Enfin l'Oraison d'intelligence ou de recueillement est un don de Dieu tout special, dans cet état d'Oraison on est tout rempli de la présence de Dieu, tout abimé en Dieu; les ténébres succèdent à la lumiere, et la lumiere aux ténèbres mais partout c'est Dieu seul que l'on aime et que l'on cherche. Soyez donc fidèles à donner à l'oraison tout le tems qu'exige votre règle, ajoutez y tous les momens dont vous pouvez disposer et ayez pour but de parvenir à cette oraison continuelle qui conduit à la perfection.

3.ème Discours
Sur le Péché

Quand l'abomination de la désolation prédite par le Prophète Daniel sera dans le lieu Saint, que celui qui lit entende bien ce qu'il lit.

Nous avons vu ce matin que le péché étoit l'Abomination : nous allons voir actuellement qu'il est l'Abomination de la desolation dans le lieu Saint. Cette désolation, ce ravage que cause le péché est universel ; dans le Ciel, sur la Terre, dans les Enfers sur le Calvaire, tout a ressenti cette désolation, puisque dans tous ces lieux, le péché a causé des ravages. Dans le Ciel une multitude innombrable d'Anges heureux du bonheur de Dieu même, jouissoit d'une paix qui sembloit inaltérable ; le Péché pénètre dans ce céleste séjour, l'Ange le plus parfait pêche, il

29

entraine dans sa rebellion des milliers d'Anges qui comme lui perdent toute leur beauté naturelle et sont aussitôt précipités avec leur Chef dans l'Enfer, et c'est alors que le Ciel redevient un séjour de paix et de bonheur. Sur la Terre l'homme créé à l'image de Dieu passoit ses jours dans l'innocence et la paix, lorsqu'il devient prévaricateur et dès ce moment mérita la mort, et la mort éternelle, sa désolation fut extrême, il est chassé du Paradis terrestre, sa postérité devient coupable du péché originel et si le Fils de Dieu ne vouloit devenir

son Sauveur sa perte seroit éternelle.
Dans l'Enfer Ah! c'est là le lieu
rempli de la désolation, parceque
c'est le séjour du péché; là tout
nous peint cette abomination de la
désolation, ces ravages horribles
du péché! Ou plutôt c'est sur
le Calvaire qu'on conçoit une
juste idée de l'horreur du péché et
de la désolation qu'il cause en voyant l'homme Dieu attaché au bois
infâme de la Croix, ses pieds et ses
mains percés et ruisselans le Sang
dont la terre est innondée, son
Chef couronné d'épines, tout son
corps meurtris et déchiré, et qu'on
le voit réduit à cet affreux état,

parcequ'il avoit la ressemblance de l'homme pécheur.

Mais nous trouvons tous ces traits de désolation, réunis dans l'ame coupable du péché : Dechue de l'état de la grace par le péché, elle est comme tombée du Ciel dans un abime de misères ; Elle est chassée du sein de la divinité ce paradis de délices et mérite de faire son séjour dans les Enfers lieu d'horreur et de désolation. Telle est aux yeux de Dieu et plus horrible encore ; une âme coupable du péché mortel ; Mais si cette ame persevère dans le péché Oh ! c'est alors que la désolation est à son comble; Un homme commet une injustice au lieu de la réparer il en ajoute de nouvelles, elles deviennent bientôt irréparables, l'habitude se forme, et les graces de retour s'éloignent; Mais si une Ame Religieuse tombe dans le péché (ce qui peut arriver, et arrive malheureusement quelquefois) si donc une Religieuse tombe dans le péché et qu'elle ne s'en relève pas aussitôt, elle abuse des graces multipliées qu'elle reçoit, elle rejette les moyens de Salut, elle profane les Sacrements, le Sang de J. C. ne coule plus sur elle, que pour la rendre plus coupable, son Ame devient aux yeux de Dieu un cadavre infecté, dont les vers rongeurs sont ses passions qui la déchirent, les remords cuisants qui la dévorent, ce cadavre tend sans cesse à la corruption, c'est-a dire, à la réprobation eternelle; O! abomination de la désolation dans le lieu Saint! Mais ne reste-t-il aucune ressource à cette ame criminelle? il lui reste le moment présent, c'est celui de la grace, qu'elle vienne donc se jetter dans le sein de la miséricorde divine qui lui est encore ouvert, Jésus son divin Sauveur demande à Dieu son-

Salut du haut de la Croix et son Pere céleste ne peut le lui refuser.

3.e Jour.

1.er (Discours)

Sur la Mort

La Mort ne tardera pas à venir.

Cette vérité nous fournit deux reflexions. la Mort est certaine, cette pensée doit nous détacher de la terre. Le moment de la Mort est incertain, et cette incertitude doit nous porter a la vigilance sur nous même.

35.

1.er Point

La Mort est certaine. Quel est l'être raisonnable qui puisse douter de la mort; le Sauveur même du Monde à voulu s'y assujettir, et s'il est quelques humains qui ne l'aient pas encore soufferte; ils seront un jour sa victime, parceque toute chair est mortelle. La pensée de la mort doit donc vous être salutaire, puisqu'elle est inévitable et que ses suites sont si importantes; si vous me dites que vous y pensez et que vous n'en êtes pas meilleur: moi je vous répondrai, que votre pensée n'a pas encore été réfléchie, qu'elle étoit foible et vague ; et c'est pour cela qu'elle n'a rien opéré en vous : Mais rappelez vous, Ame Religieuse, ce qui vous a porté à faire le sacrifice du Monde n'est-ce pas la pensée de la mort ? Il est bon de vous remettre sous les yeux ce dépouillement total que vous avez fait de tout vous-même lors de votre sacrifice Religieux, parce qu'il est peu d'ames qui soyent assez généreuses, pour le soutenir dans toute sa perfection, et pour y faire chaque jour de nouveaux progres ; la vivacité des sentimens tombent et la nature reprend en partie ses droits : Les richesses, les plaisirs, et les honneurs, sont les

37

Idoles du Monde c'est cette Trinité à laquelle une multitude de Mortels sacrifient. Ames Religieuses, vous avez renoncé au Monde, vous avez détesté ses Idoles; mais dites le moi ne tenez vous pas dans votre pauvreté à des riens, à des bagatelles, pensez à la certitude de la Mort. N'adoucissez vous pas les rigueurs de votre état ne flattez vous pas ce corps qui doit être livré à la corruption; mais pensez que pour lui épargner quelques peines vous l'exposez à des tourmens inouis et peut-être éternels; Le desir de l'estime, de la considération de vos Sœurs ne vous fait il pas agir quelquefois contre vos règles? Ah! pensez à la Mort.

2.d Point

Le moment de la Mort est incertain. Veillez donc puisque vous ne savez ni le jour, ni l'heure, l'âge, les lieux, les emplois, rien ne peut vous mettre à l'abri de la Mort; tout ce que l'on peut vous assurer, c'est que celle qui est la plus près de la mort, est celle qui y pense le moins. Si nous parcourons tous les âges, ils sont tous la proie de la mort, dans quelque lieu que vous vous trouviez vous pouvez être frappée de ses coups, pensez, lorsque

39

vous entrez dans le Sanctuaire, que ce lieu est terrible, et que l'incertitude de la mort perfectione vos actes de Religion. Dans les endroits où vous rencontrez quelque sujet de distractions, que la pensée de l'incertitude la mort vous ramenne à l'accomplissement de la volonté de Dieu; Dans vos emplois, il en est un bien respectable auquel vous engage vos voeux, et qui vous fait participer à notre ministère Apostolique; pensez que la mort peut vous surprendre, lorsque vous enseignez, vous instruisez les Enfants et que vous rendrez compte du fruit que vous aurez fait dans ces journées cieux. Je finis enfin par appliquer à mon sujet une vision de l'Apocalipse. Dans la fin des temps, il paroîtra un Ange couvert d'un nuage, sa figure sera brillante comme un Astre, il aura sur la tête un Arc-en Ciel, ses pieds seront comme des colonnes d'airain, l'un sera placé sur la terre, et l'autre sur la mer, il s'écrira ; Je jure par le Ciel et tout ce qu'il renferme, par la Terre et tout ce qui la couvre par la Mer et tout ce qu'elle contient, qu'il n'y aura plus de temps. Cet Ange est la pensée de la Mort ; il est couvert d'un nuage parce

que son moment est incertain, son visage est brillant comme un astre, car la pensée de la Mort est tout-a-fait lumineuse; Il a sur la tête un arc-en-ciel, la pensée de la mort nous porte à espérer dans les miséricordes du Seigneur et à nous remplir de confiance; ses pieds sont comme des colonnes d'airain, il n'y a point de base plus ferme et plus assurée de notre salut que la pensée de la Mort; Enfin ses pieds sont placés l'un sur la terre, l'autre sur la mer, parceque la Mort frappe tous les êtres. Cette vision s'exécute tous les jours dans la bouche des Ministres des Autels ; et c'est en cela qu'elle est réelle, écoutez donc ce que vous dit l'Ange par mon organe : Il n'y a plus de tems. Que cette parole retentisse sans cesse à vos oreilles, et qu'elle produise en vous cette vigilance chrétienne qui vous fasse mettre à profit tous vos momens pour le Ciel.

2.d Discours

Sur les vœux de Religion.

Vous tous qui entourez l'Autel, faites des vœux au Seigneur, et acquittez-vous en avec fidélité. Ce passage d'un Pseaume peut spécialement s'appliquer aux ames religieuses, j'ai donc dessein de vous entretenir des vœux de religion en général, et de vous dévelopèr leur nature, leur excellence et les obligations qu'ils imposent.

La nature des vœux de religion.

Qu'est-ce qu'une personne religieuse? c'est une ame entièrement dévouée à Dieu, qui lui a fait le sacrifice de ses biens, de sa personne et de sa volonté: sacrifice entier, parfait et perpétuel sans quoi il ne seroit pas vœu de religion, et perderoit son mérite, enfin ce ne seroit pas un état qu'on embrasseroit, si les vœux n'étoient perpétuels, ou qu'on les rendit tels en les réitérant fréquemment.

L'excellence des vœux de Religion se prouvent parcequ'ils sont en euxmêmes, par rapport à Dieu, par rapport à la personne qui les prononce. Par le vœu de pauvreté on se dépouille de tout ce qu'on possède, ou pourroit posseder, soit en effet soit en desir. Par le vœu de chasteté on embrasse la mortification dans toutes les parties de son corps. Par le vœu d'obéissance, on sacrifie sa volonté et toutes ses facultés intellectuelles. Excellence de ces vœux par rapport à Dieu, le vœu de pauvreté nous fait marcher sur les traces de son divin fils. le vœu de Chasteté nous fait aimer Dieu d'un amour de préférence. Enfin le vœu d'Obéissance nous fait embrasser la volonté de Dieu pour nous y attacher constamment, ne faisant plus la nôtre que dans ce qu'elle a de conforme à la sienne. L'excellence des vœux par rapport à nous mêmes, consiste à nous rendre par le vœu de pauvreté des hommes celestes, par le vœu de Chasteté les Anges de la terre, et par le vœu d'Obéissance des hommes divins. Les vœux tirent encore leur excellence de ce que ceux qui les pratiquent, sert Dieu plus librement, plus parfaitement et plus surement.

Enfin l'homme ne peut pas offrir à Dieu de sacrifice plus parfait que les vœux de religion; et si tous les fidèles en pouvoient comprendre l'excellence, tous voudroient s'y engager; mais c'est un don de Dieu qu'il n'est pas donné à tous de connoître; vous, ames religieuses, qui avez été si favorisées du Seigneur, sentez tout le prix de ce bienfait et répondez-y par une fidélité à toute épreuve.

3.e Discours

Sur la mort des Religieuses

Je comprendrai ce que l'on en peut juger par sa fin

Il arrive quelquefois même dans les Maisons Religieuses, que la vertu est oubliée persécutée parceque le véritable mérite se trouve dans l'humiliation et l'oubli, cette conduite de la Providence est souvent un sujet de scandale pour les foibles, c'est pour les éclairer que je vais vous entretenir aujourd'hui de la fin de deux sortes de Religieuses. La Mort d'une bonne et véritable Religieuse sera mon 1.er Soin. La mort d'une tiède et mauvaise Religieuse sera mon 2.d Point.

Quand je parle d'une bonne et véritable Religieuse, je n'entends pas vous entretenir de ces ames éminentes en sainteté, et comblées à l'extérieur des faveurs de la grace : comme les Gertrudes, les Thérèses ; Mais j'entends par une bonne et véritable Religieuse celle qui vit de la vie de son divin Epoux, qui pratique sa règle, est fidele à ses vœux et conserve toujours la pensée de la mort, suivant l'avis du Sage. Cette Ame Religieuse vient-elle à être enlevée par une mort subite, elle n'est pas imprévue ; Les cœurs la regrettent : mais ne la plaignent pas ; Elle est morte dans l'exercice des vertus religieuses ; Mais le Seigneur fait-il précéder sa mort d'une maladie, de longues infirmités, elle reçoit ses maux avec reconnoissance de la main de son Divin Epoux, la mort approche : mais ne lui cause point d'effroi ; Le passé, le présent, l'avenir, tout la rassure. Dans le passé, ses péchés, elle les a pleurés et expiés, par une longue pénitence, sa Règle, elle l'a pratiquée avec fidélité et amour, les Sacremens elle les a reçus avec préparation et en a retiré des fruits, l'esprit de l'audace de mortification, d'humilité, de détachement est devenu le lien propre. Le présent est aussi consolant, elle souffre, mais c'est en union avec son divin Époux; La vue du Crucifix qui est pour elle si douce, lui fait trouver dans ses souffrances un trésor de mérites. Elle est moins touchée de ses propres maux que de la douleur de ses Sœurs qui entourent son lit, et qu'elle a toujours tendrement aimées, elle les console; Mais son cœur et son esprit se fixe en Dieu le véritable et unique objet de son amour. L'avenir est encor plus rassurant, les jugements de Dieu sont redoutables, il est vrai,

mais elle a pour juge, son père et
son Époux; Elle lève les yeux vers
le Ciel et en reçoit une réponse de
paix. Si elle éprouve des peines
intérieures dans ses derniers moments,
c'est pour la rendre plus conforme
à son divin Époux; elle les supporte
avec une confiance amoureuse, et
s'abîme dans son Cœur Sacré. Les
Anges, les Saints, la Sainte Vierge,
la bonne Mère viennent l'assister
dans ses derniers moments; la sou-
tiennent contre les attaques de l'en
nemi du Salut; Enfin son dernier
moment arrive, elle meurt dans le
baiser du Seigneur. Épouses de
J.C. je vous entends vous écrier;

Qu'elle est heureuse la mort des Saints que ma mort ressemble à la leur ; Mais les souhaits ne suffisent pas il faut des oeuvres. Vivez en Saintes, si vous voulez mourir en Saintes.

J'entends par une mauvaise Religieuse, une Religieuse qui n'a pas l'esprit de son Etat, qui trouve le joug du Seigneur lourd, qui aime le monde, les choses du monde, qui se dispense de sa Regle toutes les fois qu'elle peut le faire sans éclat. Une Religieuse qui menait une ~~vie~~ telle conduite, vient-elle à mourir subitement sa mort cause un effroi général dans toute sa maison, et pour elle, que la mort est horrible, puisqu'elle ne l'avoit point prévue ! Mais cette Mort s'avance t elle à pas lents ; tout le temps de sa maladie elle n'est occupée que de son Corps, elle repousse la pensée de sa destruction, reclame avec empressement l'art des Médecins, et ne pense point au souverain Médecin des ames, helas ! elle a toujours négligé le soin de la sienne : aussi tout est il redoutable pour elle, le passé, le présent et l'avenir. Le passé sa vie n'a été qu'une suite d'infidélités à la grace, d'infractions à la regle ; elle n'a conservé que l'écorce de ses voeux, elle a flatté son corps au lieu de le mortifier. Le présent ; elle ne s'occupe encore que de ce Corps qui va tomber en corruption, Cependant le moment approche ; La Supérieure que son état afflige et inquiette, lui dit : Songez à votre âme. Mais hélas ! que ces derniers moments devien-nent affreux pour elle ; Les fautes qu'elle a toujours voulu regarder comme légères, comme de pures foi-blesses, se montrent à ses yeux dans leur véritable jour, et lui paroissent horribles, les graces de Dieu qu'elle a méprisées, les Sacrements qu'elle a prophanés, tous ses souvenirs por-tent la terreur, le desespoir dans son ame ; son Confesseur veut la rappeler à la confiance, lui parle des miséri-cordes du Seigneur ; mais elle est sourde à ce langage; On diroit que le Démon vient déja s'emparer de sa proie la Ste Vierge le refuge des Pécheurs devroit alors etre son unique ressource; mais elle ne sait l'invoquer; elle détourne les yeux de Jésus Crucifié, elle n'a jamais été son Epouse, si elle lève quelquefois les yeux, au Ciel, c'est en quelque sorte pour faire un dernier à Dieu aux Bienheureux qui habitent ce séjour. L'avenir n'est pas moins redoutable pour elle; Elle ne voit dans son Juge qu'un Dieu méprisé, outragé, irrité; cependant elle reçoit les derniers sacrements, et elle mange et boit sa condamnation; enfin elle expire, et son âme coupable en s'échappant de son Corps, laisse peints dans ses traits l'effroi et le désespoir, et va se précipiter d'elle même loin de Dieu dans l'abime éternel.

Ames Religieuses ce tableau vous fait horreur, si vous voulez éviter un tel sort, pensez dans cette vie à votre fin dernière que la pensée de la mort vous suive par tout; par tout et en tout, faites la volonté de votre Divin Epoux et vous lui serez unies dans l'Eternité.

4.me Jour.

1.er Discours

Sur le Jugement.

Rendez moi compte de votre administration.

L'administration que Dieu a confiée à chaque ame est grande, est importante; c'est l'usage des richesses de la grace, c'est le prix du sang de J. C. Il viendra donc le jour, où il faudra rendre un compte exacte de l'administration de ces richesses précieuses; où nous entendrons ces mots si redoutables pour plusieurs ; rendez moi compte de votre administration ; c'est pour vous y disposer que je vais vous entretenir du Jugement, nous parlons d'abord de l'examen du Jugement, et ensuite de la sentence du Juge.

1er Point

Nous sommes tous les Economes du bien de Dieu ; nous devons donc un jour lui rendre compte des biens qu'il nous a confiés et ce jour est celui du Jugement. Je divise en trois sortes de personnes celles qui doivent subir l'examen d'un Dieu Juge. Les Justes parfaits, les Justes imparfaits et les Pecheurs. Les Justes parfaits sont ceux qui

meurent dans la grace et qui ont
toujours conservé leur innocence,
ou qui l'ont reparée par le martyre
ou par une parfaite pénitence;
leur examen est bien consolant
puisqu'ils se trouvent entièrement
conformes à leur divin Modele.
Les Justes imparfaits sont ceux
qui morts dans la grace, n'ont
pas encore effacé par la pénitence
la coulpe du péché, et ont encore
a expier des foiblesses ou quelques
restes de péché; Ils sont à la
vérité agréables au Seigneur; mais
les taches de leur ame ne leur permettent pas de jouir aussitôt de
la présence de leur Dieu. Les
Pecheurs ont a subir un juge-

ment bien plus redoutable, puisqu'il ne leur laisse aucun espoir. On y fait l'examen de leurs œuvres et qu'ont-elles été? des œuvres d'iniquités. Les graces qu'ils ont reçues, quel abus affreux! quel mépris! l'âme religieuse qui meurt dans le péché, son Juge lui demande compte de ses graces de prédilection dont il l'avoit comblé, grace d'une éducation ~~chrétienne~~, grace ineffable de la premiere Communion, qui l'avoit conduite comme par degré à la grace de la vocation religieuse, elle a tout méprisé, ~~tout~~ prophané, les Sacrements, les règles, les inspirations divines: On fait même l'examen de ses vertus, et on y trouve qu'hipocrisie, que mensonge, et que vanité. l'ame voit sa misere elle se trouve chargée du poids enorme de ses iniquités, et elle ne trouve rien a répondre à son Juge, mais passons au jugement.

2.me Point

C'est J.C. c'est le fils de l'homme qui est le Juge des hommes; Il semble que Dieu le Pere redoutant en quelque sorte la rigueur de sa Justice à voulu confier cette fonction à J.C. qui nous a racheté de son sang, afin de nous inspirer plus de confiance; aussi combien est-elle grande celle du Juste parfait ; qui par son union intime avec le Dieu Sauveur et sa conformité (autant qu'y peut parvenir un être créé) ne reçoit de la bouche de son Juge que des bénédictions. La sentence du Juste imparfait est plus redoutable, il est uni, il est vrai à J.C. il ne peut être éternellement séparé de lui ; mais son ame est encore tachée des restes du péché, et ces taches l'éloignent de son Dieu pour un tems ; hélas ! qu'elle est à plaindre de n'avoir pas aimé son divin Epoux avec une assez grande générosité ; de n'avoir pas eu une pureté de cœur

aussi parfaite que l'exigeoit l'amour qu'elle devoit à son Dieu.
Mais que dirons-nous donc de la sentence que le souverain Juge prononcera contre le pécheur, il lui reprochera la profanation de son sang précieux, puis s'adressant aux Ministres de ses vengeances; Ôtez lui, leur dira-t-il, son talent, ce talent précieux qui est le libre arbitre dont il jouissoit, pour faire le choix du bien et du mal, il a mesuré de ce talent, qu'il lui soit ôté, afin qu'il ne soit plus en son pouvoir de sortir de l'état où il s'est mis volontairement. De quel que côté que l'arbre tombe il y

restera ; Lie lui les pieds et les mains que ses affections soyent à jamais fixées vers le mal qu'il a aimé, et Jettez le dans les ténèbres extérieures dans ce lieu de tourmens où toutes les parties de son être seront punies par des maux inexprimables, Allez maudits au feu éternel.

Le voilà ce Jugement cet examen cette condamnation du Souverain Juge, prévenons donc un tel malheur en devenant dès ce jour des Economes fidèles.

5. 2ème Discours

Sur la Pauvreté

Les renards ont des tanières et les oiseaux des nids ; mais le fils de l'homme n'a pas où reposer sa tête.

C'est ainsi que J. C. prêche à ses disciples la pauvreté, un jeune homme vient le trouver lui dit qu'il a exécuté les commendements de Dieu, et lui demande ce qu'il lui reste à faire, vendez en le prix aux pauvres et suivez-moi : lui répond J. C. la Pauvreté est donc la perfection évangélique; j'entends la pauvreté volontaire, la pauvreté religieuse. Je vais donc vous entretenir de ses avantages, de sa pratique et de son excellence.

Avantage de la pauvreté religieuse. J.C. nous dit que le royaume de Dieu appartient aux pauvres d'esprit, partout il lance des malédictions sur les riches, et s'ils ne sont détachés des richesses dans leur affection, ils ne peuvent être sauvés; Mais qu'il est heureux le pauvre d'esprit, le pauvre volontaire, enfin le religieux; le centuple

(7)

lui est promis en ce monde et la vie éternelle en l'autre. Le riche tout occupé de ses richesses, accablé sous leur fardeau, marche penché vers la terre; il participe à la malédiction du Serpent condamné à ramper sur la terre, et à s'en nourrir. Le Pauvre volontaire n'a rien ici bas qui l'embarasse rien qui le retienne, il s'élève vers le Ciel où sont tous ses desirs et ses richesses; heureux dans son indigence, il est fort contre le démon. David se présente pour combattre Goliath, le roi d'Israël le fait revêtir de sa propre armure; Mais le jeune David est accablé de son poids, il ne peut faire un pas vers l'ennemi, rendez-moi, dit-il : ma robe de berger et ma fronde et je renverserai Goliath, au nom du Dieu vivant. Il s'avance et remporte en effet une complette victoire sur l'ennemi d'Israël. Ainsi le pauvre d'esprit terrasse aisément l'ennemi du Salut parcequ'il lui donne bien moins de prise que le riche.

La pratique de la pauvreté doit être extérieure et intérieure; Pratique extérieure en prononçant son vœu, on s'est dépouillé de tout volontairement, entièrement et pour toujours. Volontairement, la pauvreté n'est pas un précepte; mais un conseil, un voeu ne peut avoir pour objet qu'un conseil, puisque sa définition est un engagement à ce qu'il y a de meilleur. Entièrement sans aucune espece de réserve; car le Religieux qui tiendroit même à des bagatelles deviendroit propriétaire et par là pécheroit contre son voeu de pauvreté plus ou moins griévement. Ames Religieuses, que chacune de vous fasse une exacte revue, dans sa cellule pour y retrancher tout ce qui ne seroit pas de pure nécessaire. Pour toujours, il n'y auroit pas grand mérite à abandonner son bien pour quelques tems quelques années, mais pour toujours dans quelques circonstances qu'on se troute, restant toujours dans la dépendance de ses Supérieures et recevant ce bien de quelque main qu'il tienne, comme une aumône; n'en prenant que l'étroit necessaire et jamais rien de superflu. Pauvreté intérieure la chérissant, l'aimant, ne se permettant jamais aucun desir qui pourroit en altérer la pureté; l'humilité peut aussi être considérée comme tenant à la pratique de la pauvreté intérieure, ne faisant aucun cas de de ses talens, de ses facultés intellectuelles, ne tenant pas même aux dons de Dieu; mais en usant avec une grande désapropriation.

Enfin l'excellence de la pauvreté, le Religieux marche à la suite de J. C. qui a eu des parents pauvres, des Disciples pauvres, qui a vécu pauvrement, et est venu évangéliser les pauvres. Que les abaissemens de la Crèche et les humiliations de la Croix nous fasse chérir notre vœu de pauvreté et qu'il devienne pour nous un trésor de mérites.

3ᵉ. Discours
Sur L'Enfer.

Qui de vous pourra supporter les feux de l'Enfer? et qui de vous pourra faire sa demeure au milieu des flammes éternelles?

Mon texte me fournit deux réfléxions que je veux vous déveloper. Dans la 1ᵉʳ. nous considérerons ce que c'est que l'enfer, et quels sont les tourmens du corps et ceux de l'ame. Dans la deuxième nous verrons quelle sorte de personne mérite l'Enfer.

7e

1er Point

Je dois vous peindre d'abord l'Enfer; C'est un étang de souffre et de feu. Ce sont les ténèbres extérieures, où il y a des pleurs et des grincemens de dents. Les Prophètes en ont fait la description la plus effrayante; et N. Seigneur en deux mots nous peint cette horrible séjour; C'est, dit-il, le lieu des tourmens, comme le Ciel est le lieu des délices, de la paix et du bonheur, et la Terre le lieu des miséricordes du Seigneur. Mais entrons un peu dans le détail des tourmens des damnés; Il faudroit pouvoir comprendre quelle est la malice du péché mortel; la sainteté de Dieu qu'il outrage et le prix du sang de J.C. Les tourmens du corps s'étendent sur tous les sens qui éprouvent les douleurs, les plus vives et les plus aigues pour expier les fautes commises par tous ses organes; mais le feu est le tourment le plus cruel, ce feu qui brule sans consumer et dont le feu matériel n'est qu'une foible image, celui-ci a été créé par la bonté de Dieu pour notre usage. Mais le feu de l'Enfer a été créé dans la fureur de Dieu pour satisfaire sa Justice. Que dirons nous des tourmens de l'ame, qui est l'auteur du péché devenu, pour elle une autre nature; l'ame souffre des ennuis, des désolations inexprimables. elle est toujours saisie de crainte, sans cesse agitée, effrayée, épouvantée; la peine la plus intolérable, c'est la perte de son Dieu, être séparée de Dieu, privée de Dieu pour toujours et par sa faute; l'Ame Religieuse a sans cesse a l'esprit ces momens, ou elle étoit a Dieu, où elle pouvoit s'assurer sa possession éternelle; mais par son péché elle a méprisé la qualité d'Epouse de J. C. elle profané son sang précieux, enfreint ses vœux, rejetté ses règles, et actuellement elle est pour l'Eternité éloignée de Celui qui méritoit tout son amour, elle ne pourra plus l'aimer et sera l'objet de son exécration; Mais pour vous rendre plus sensible ce malheur, et ces tourmens je vous dirai, avec St Bernard; Descendez tout vivans dans l'Enfer, afin de n'y pas descendre apres votre mort. Pénétrez dans cet abyme ténébreux; voyez vous y étendue sur un brasier ardent, ou vous êtes fixée sans pouvoir faire un seul mouvement; le feu de l'Enfer vous entoure, vous pénètre; vous respirez le feu, il sort de votre bouche, il coule dans vos veines comme votre sang, les Démons vous

77

tourmentent de mille manieres; ils insultent à vos maux, vous avez perdu Dieu par votre faute; et vous êtes enfermées dans cet horrible cachot pour l'Eternité; voila cependant, Ames Religieuses, ce que vous avez mérité; car qui n'a pas commis un seul péché mortel dans le cours de sa vie? que l'on ne dise donc jamais je ne crains pas l'Enfer; puisque ce n'est que par une misericorde toute spéciale du Seigneur qu'on y est pas déja précipité; puisque sans le secours de la grace, on y tombera infailliblement un jour; puisqu'enlui personne ne sait s'il est digne d'amour, ou de haine.

2.d Point

Mais je vous fais la question du Prophête; Qui d'entre vous pourra subsister dans les flammes eternelles? Elle est fondée sur ces trois vérités. Le nombre des reprouvés est grand Un seul péché mortel mérite l'Enfer; deux vérités de foi. La troisième n'est appuyée que sur l'expérience; mais elle est bien effrayante. On meurt comme on a vecu. Le nombre des réprouvés est grand, vous n'en doutez nullement puisque celui des Elus est comparé aux grains de raisin qui ont échappé aux vendangeurs, et aux épis qui ont échappé aux moissonneurs. Quel sujet de frayeur pour chacun de nous? Un seul péché mortel mérite l'Enfer. Les plus grands saints sont tombés, la chûte de David, celle de St. Pierre, ne doit-elle pas nous faire trembler! qui sait si le Seigneur nous laissera le tems de nous repentir comme il le leur a donné? Enfin on meurt comme on a vécu; helas! que deviendra cette multitude d'hommes qui couvre la terre et la souille de leurs crimes! Que deviendront même la plus part des fideles qui vivent.

presque tous dans le violement des Commendemens de Dieu et de l'Eglise? Que deviendrons nous nous mêmes Ministres du Très haut? Que devien-drez-vous, Ames Religieuses, souffrez que je vous le demande? Qui d'en-tre-vous poura subsister dans ces flammes dévorantes? puisqu'une Religieuse propriétaire même dans un petit objet périra, puisqu'une faute contre l'Obéissance en chose considérable, un mépris formel d'un point de la Regle peut suf-fire pour la précipiter dans cet abime.

Que les feux de l'Enfer que les tourmens de ce lieu de desespoir soient donc toujours présents à vos esprits; et qu'ils vous détournent de tous péchés.

5.e Jour.

Partie de l'Extrait du 1.er Discours

Sur l'amour du Cœur de Jésus

Ce sont des Lampes de flammes ardentes que les grandes eaux n'ont pu éteindre.

Je vous ai parlé hier des flammes du feu de l'Enfer, allumé par la fureur divine; Je vous parle aujourd'hui des flammes d'amour produites par la miséricorde de notre Dieu, et qu'elle en la fournaise de cet amour c'est le cœur de Jésus dont l'amour pour les hommes est infini, les mystères de la vie de l'homme Dieu sont autant de lampes de flammes ardentes qui sortent de son Cœur pour embraser l'univers, et les grandes eaux des iniquités des hommes n'ont pu éteindre le feu de sa charité. Ces pensées touchantes doivent produire en nous, et surtout dans vous, Mesdames adoratrices et victimes du cœur de Jésus, deux sentimens, que je vais vous dévelloper. Sentiment d'amour à la vüe de l'amour immense du Cœur de Jésus pour les hommes. Sentiment de douleur à la vüe de leur ingratitude et de leurs outrages.

Amour du Cœur de Jésus pour les hommes. Trois principaux Mystères de l'Incarnation ; le Mystère de la Redemption et le Mystère de la divine Eucharistie. Dans le Mystère de l'Incarnation, le Cœur de Jésus nous montre la tendresse de son amour ; Dans le Mystère de la redemption, le Cœur de Jésus nous fait connoître la force de son amour, et dans celui de l'Eucaristie le Cœur de Jésus nous découvre toute l'ardeur de son amour. Dans le 1.er c'est un Roy plein de tendresse ; Dans le 2.me un Conquérant plein de force et de valeur.

Enfin dans le 3.e Un Epoux plein d'ardeur pour l'objet qu'il aime.

2.e Discours

Sur la Chasteté

Il n'est pas donné à tous de comprendre l'excellence de cet état

Les Apôtres d'après les paroles de J. C. lui firent cette demande ; Il est donc plus avantageux d'embrasser la continence que le mariage ? J. C. leur répondit qu'il n'étoit pas donné à tous de comprendre l'excellence de ce 1.er état.

La Chasteté est donc un don spécial

de Dieu, j'entends la Chasteté Religieuse a laquelle on s'engage par vœu: Je vais donc vous exposer tout son mérite dans quatre Considérations, la Chasteté Religieuse est un don, elle est une victoire, ses grands avantages, enfin sa perfection ou sa pratique. La Chasteté est une vertu necessaire à tout homme pour le sauver, il n'y a que les ames chastes qui auront part au Royaume éternel, cette vertu est d'un grand prix, Mais la Chasteté religieuse est un don bien plus excellent et que l'on reçoit immédiatement de la main du Seigneur. Sentez donc tout le prix de ce bienfait: Cheres Religieuses.

La Chasteté est une victoire remportée sur le monde aux yeux du quel cette vertu semble une folie, sur le Démon qui tente les âmes les plus pures, parcequ'il est jaloux de leur bonheur, il sait que les fautes dans cette matière sont horribles, au yeux du Dieu de toute pureté. Enfin victoire sur la chair, que le voeu de Chasteté asservit à l'Esprit.

Les grands avantages du voeu de Chasteté sont de vous rendre, vous âmes Religieuses, plus semblables à votre Divin Epoux ; à sa Sainte Mere, qui est la votre d'une maniere spéciale, les vierges accompagnent

87/ l'Epouse et elles sont en quelque sorte du nombre de ses proches par leur qualités de vierges. Jesus Christ veut que ceux qui l'approchent de près soit doués de cette vertu, il naît d'une vierge, et Joseph le gardien de la virginité de Marie est vierge lui-même, ses Apotres mêmes gardent la continence aussitôt qu'ils sont à sa suite. L'ame religieuse se trouve par ce voeu élevée au-dessus des autres mortels possédant la dignité d'Epouses de J.C. il doit y avoir quelques dégrés de ressemblance, entre l'Epouse et l'Epoux : Ce n'est donc pas assez de dire qu'elle est devenue par sa chasteté semblable aux Anges. elle fait un avec J. C. La divine Marie devient sa Mere d'une maniere toute particuliere : Les Vierges sont les filles cheries de Marie.

Venons aprésent à la perfection, ou à la pratique de ce vœu c'est la même chose, pratique intérieure, ou de l'Ame ; pratique extérieure ou du Corps, Pratique intérieure ; elle doit s'étendre sur la mémoire, l'Intelligence et la volonté ; sur la memoire, en banissant tout souvenir de bagatelle, et la remplissant de tout ce qui la peut porter à Dieu, lui inspirer l'amour de son divin Epoux, sur l'Intelligence, chassant toutes les pensées qui n'ont aucun rapport à son état à ses devoirs. Sur la volonté ne lui permettant de former aucun desir qui ne tende à procurer la gloire de Dieu, et qui ne la fasse avancer dans l'amour de son divin Epoux. La Pratique extérieure s'étend sur tous ses sens qu'elle sait dominer, elle veille surtout sur ses regards, ne s'en permet point de curieux, de vains, vous autres, Mesdames, qui êtes chargées de l'éducation de la Jeunesse ne souffrez jamais que les Enfants qui vous sont confiés soient mis d'une manière peu décente ? Ce ne seroit pas les Enfans qui seroient coupables ; mais bien vous de souffrir un tel désordre, une chose qui n'est pas d'une si grande importance, que je vous recommande cependant ; c'est de ne pas leur laisser prendre le gout des modes, qui leur deviendroit pernicieux ; enfin il y a une règle, on ne doit découvrir que le visage et les mains. Ames Religieuses ! connoissez tout le prix de votre vœu de Chasteté, il vous élève au dessus de la terre, vous dégage de tout ce qui pouvoit attacher votre cœur, brise les liens terrestres qui vous attachoient à toutes proches, pour ne plus vous les faire aimer qu'en Dieu et pour Dieu : Écoutez, ma fille, prettez une oreille attentive à mes paroles Oubliez votre peuple et la maison de votre Pere, et le Roi sera épris de votre beauté. Oui rien ne charme plus le cœur de votre Divin Époux, que ce dégagement parfait qui vous porte à être uniquement à lui ; travaillez donc à l'opérer vivement dans toutes les facultés de votre être afin de participer dès cette vie à la pureté Angelique.

3.e Discours.

Sur le retour du Pécheur à Dieu.

J'irai vers mon Pere. &c.

Après vous avoir parlé ces jours-ci de sujets effrayans ; je viens vous mettre sous les yeux la Parabole consolante de l'Enfant Prodigue image fidele des égaremens d'un pécheur et de son retour à Dieu ce qui sera le sujet, de mon 1.er Point. La bonté de Dieu envers ce pécheur fera mon 2.d Point.

1.er Point.

C'est le Sauveur du Monde qui est le Pere de cet Enfant Prodigue

comme le témoignent ces paroles:
Mon Pere j'ai péché contre le
Ciel et contre vous; Un homme
avoit deux fils le plus jeune vint lui
demander ce qui lui revenoit de son bien,
et s'en alla dans le lointain pays;
Image du Pécheur qui s'approprie ses
talens, sa capacité, ses lumieres, biens
dont il doit un compte exacte au
Seigneur, et tombe dans l'état du
péché, représenté par ce lointain pays;
devenu étranger à l'Église en ne recevant plus ses Sacrements, n'obéissant
plus a ses commendements; et sort
ainsi de la maison paternelle, où il
étoit heureux et dans l'abondance.
Bientôt le Pécheur dissipe les biens

dont il s'est rendu Maitre, il fait un mauvais usage de ses facultes, détruit sa santé, et quelques fois ses biens, par un usage illicite des plaisirs de la vie; et tombe dans cette affreuse indigence qu'éprouve le Prodigue. Le Seigneur cependant lui avoit envoyé des remords salutaires; mais ce malheureux Pecheur a encore recours au Monde représenté par cet habitant au service du quel, s'étoit mis le Prodigue, et qui ne lui donnoit pas même sa subsistance; C'est ainsi que le Monde aussi cruel que son maitre le Démon, ne paye les services que par ses rebuts, ou par des plaisirs aussi amers qu'insuffisans. Parlons actuellement du retour du pêcheur; Enfin le Pêcheur dans son humiliante position leve les yeux au Ciel, la grace le touche, le souvenir du bonheur qu'il goutoit autrefois près de son Dieu dans le sein de la maison du Pere céleste, lui fait verser des larmes; mais la grace agit vivement, et il y coopère; Je me leverai, dit-il, comme l'Enfant Prodigue; je me leverai, je sortirai de cet état du péché, je ne croupirai plus dans cet indigence affreuse, je retournerai vers mon Pere, et je lui dirai, mon Pere, j'ai péché contre le Ciel et contre vous : paroles qui expriment tous les crimes, qui nous donnent une idée du malheur du Pécheur, non seulement, il a outragé Dieu par ses crimes. J'ai péché contre le Ciel ; mais il a profané le sang de J. C. contre vous, vous le Pere le plus tendre, vous de qui je tenois la vie de la grace fruit de votre sang précieux.

2.e Point

Venons actuelement à réfléchir sur la bonté du Pere, elle est non seulement prevenante mais pleine de tendresse. La bonté du Pere est prévenante, Ah ! si le Sauveur

(97)

ne prévenoit le Pécheur comment sortiroit il de l'abime de sa misere, plongé dans les ténebres du péché, ce ne sont que les lumieres de la grace qui peuvent les dissiper. Le Seigneur tel que le Pere de l'Enfant Prodigue tourne souvent ses regards du coté où le Pécheur s'est éloigné de lui, il l'apperçoit enfin et le reconnoit quoiqu'il soit encore au loin; car la vue de l'amour est perçante; il court au devant de lui ce qui exprime ces graces prévenantes qui abrègent la pénitence du Pécheur à son retour s'il est sincère. Mais quelle est encore pleine de tendresse la bonté du Sauveur envers le pécheur, il le reçoit dans ses bras, n'attend pas même qu'il lui ait fait l'aveu de son crime pour lui faire faire ressentir les effets de sa tendresse; Il est bon de remarquer ici que ce n'est ordinairement que dans la jeunesse que l'on éprouve de cette effusion de tendresse du Seigneur lors d'un sincère retour parcequ'alors, on a les passions plus tendres; mais dans l'âge mur c'est la seule raison qui guide, le sentiment est moins doux, mais la persuastion plus forte.

99

On agit par la foi sans goûter le Seigneur et on en est pas moins à lui mais avec beaucoup plus de mérite. Le Pécheur dit en versant les pleurs amers du repentir; mon Père, j'ai péché contre le Ciel et contre vous, mais faites attention que l'Enfant prodigue n'ajoute pas ce qu'il avoit projetté de dire. Je ne suis digne que d'être mis au nombre de vos Mercénaires. Ce seroit en quelque sorte douter de la tendresse de son Père, dont il lui donne des preuves si éclatantes: Le retour du Pécheur doit toujours être accompagné d'une grande confiance en la miséricorde du Sauveur des Âmes. Le Père conduit son fils chez lui le revêt de sa 1.ère Robe ; c'est-à dire que la robe d'innocence est rendue au Pécheur par la grace sanctifiante ; lui met son anneau au doit qui signifie que par la pénitence, il rentre dans ses droits a l'héritage céleste, une chaussure au pied, qui veut dire cette pureté de cœur qui l'empêche de toucher a la terre. Enfin il fait un grand festin et fait tuer le veau gras, image de la participation au banquet Eucharistique. invite ses amis, fait éclater sa joie, parceque son fils étoit mort et il est.

résurrecté : C'est ainsi que les Anges ont plus de joie dans le Ciel pour le retour d'un Pécheur que pour la persévérance d'un grand nombres de Justes. Ames pecheresses s'il s'en trouvoit parmi vous avec quelle confiance ne devez vous pas retourner au Seigneur levez-vous généreusement, écoutez la grace qui vous presse, retournez à votre Sauveur son cœur est ouvert pour vous recevoir, il vous donnera le baiser de paix en attendant qu'il vous recueille dans les Saintes Demeures.

6.e Jour.

Sur la dévotion à Marie

1er. Discours

Je tiens dans mes mains la plénitude des Saints.

Paroles qui conviennent parfaitement à Marie dans la dévotion est un titre de prédestination, sous ce point de vue on peut lui appliquer aussi, ces autres que notre Seigneur dit de lui même. Je connois mes brebis et mes brebis me connoissent; ces Brebis sont les élus dont notre Sauveur est le Pasteur, le divin Berger et Marie est cette mystique Rachel qui veut dire brebis.

oui elle est la brebis par excellence
la premiere des Elus placée a leur tête,
ils parviennent sous sa protection à la
perfection de la Sainteté, J'ai donc dessein de vous entretenir aujourd'hui de
de la dévotion à Marie, dévotion qui
convient si bien au Chrétien, dévotion
qui est une marque de perfection chez
le Chrétien. Marie mérite notre respect, notre amour, et notre culte:
le flambeau de la foi nous éclaire
sur le respect que nous devons a Marie;
Jésus notre divin modele nous enseigne
quel doit être notre amour pour elle,
l'Eglise notre Regle nous apprend en
quoi consiste le culte de Marie

Marie mérite notre respect c'est ce que nous reconnoissons à la lueur du flambeau de la foi, ses dons, ses graces, et ses privileges nous le prouvent; ses dons, elle est devenue Mere de Dieu, ses graces, son ame, est embellie de toutes les vertus et la Sainteté est son partage; mais une Sainteté éminante; ses priviléges; ils répondent à sa dignité, l'exemption de tout péché une place à la droite du trône du fils de Dieu, qui la fait dispensatrice de ses graces, Quel doit donc être notre respect pour celle qui après l'huma

10

nité sainte, et la plus pure Créature la plus digne de nos hommages.

2.me Point

Mais elle ne mérite pas moins notre amour, et le Divin Jésus notre modele nous enseigne lui même du haut de sa Croix quelles doivent être les qualités de cet amour, en disant à Marie, son Disciple bien aimé, et lui disant : Femme voila votre fils, et à St Jean, voila votre Mere. Heureuses paroles! qui sont en quelque sorte le dernier précepte que nous donne Jésus dans la personne de St Jean, de

prendre Marie pour notre Mere ;
que notre amour doit donc être
tendre pour elle, quelle confiance
ne doit-il pas nous inspirer dans la
Mere de Jésus qui devient celle
de tous les Chrétiens ?

3e. Point.

Enfin de quel culte devons-nous
honnorer Marie ? l'Eglise est notre
régle, elle institue des fêtes en
son honneur, qui répondent aux
principaux Mysteres de J. C. Elle
unit presque toujours dans ses prieres
la Salutation Angélique à l'Oraison Dominicale ; les 1.ers mots qu'elle

fait bégayer aux enfants tous les
noms de Jésus et de Marie. Enfin
elle exige des fidèles un culte intérieur qui honnore véritablement
l'auguste Marie. L'[illegible] à
Marie est la perfection du Chrétien.
Rien n'est en quelque sorte un titre
assuré de Sainteté que la véritable
dévotion à Marie; nous ne pouvons
douter qu'elle ne plaise infiniment
à Dieu qui lui a remis entre ses
mais le tresor de ses graces, Marie
comme fille d'Adam c'est notre
Sœur [illegible] ainsi quelle doit être notre
confiance en elle. La vocation à
la vie Religieuse est un don qui

vient de sa main et c'est par sa véritable dévotion que vous obtiendrez la perfection de cette vocation.
Marie est la fille chérie du Pere céleste qui la fait en quelque sorte dépositaire de sa toute puissance.
Marie est l'Epouse fidele du St Esprit qui la tout embrasée du divin Amour: Marie est la tendre Mere du fils qui la criée de sa sagesse. Nous trouvons donc en Marie toutes les perfections, dans le plus haut dégré, ou puisse atteindre une pure créature. Les plus grands saints sont ceux qui lui ont appartenu de plus près: St Joseph dont la vertu dut être d'un bien grand prix aux yeux

de Dieu même; puisque le Père céleste
le choisit pour être le gardien de
Marie et souffrit qu'il passât pour
le Père de Jésus: Dieu a manifesté
à quelques uns de ses Serviteurs
dans ces derniers Siècles, quelle a été
la Sainteté de Joseph. Saint Jean-
Baptiste qui encore renfermé dans
le sein de sa Mère trouva dans
la voix de Marie, comme le canal
de sa sanctification, et parvint à
une si grande perfection, que Jésus
dit de lui qu'il n'y en a point
eu de semblable parmi les enfans
des hommes. Saint Jean l'Evangéliste aux soins desquels, Marie
fut confiée par son divin Fils, a

Saint qui fut tout à la fois Apôtre, Martyr, Evangéliste, et Prophète, Disciple bien-aimé de Jésus. Enfin dans les Siècles suivants, tous ces Saints Fondateurs d'Ordre, votre B. Père entre autre dont la dévotion à Marie fut des plus tendres. Dévotions qu'ils désiraient posséder en effet dans un bien haut dégré, puisqu'ils formaient à Marie une nombreuse famille dans leurs Enfans spirituels; Ames Religieuses, Filles de Marie, je ne saurois trop exciter votre confiance et votre amour envers elle; mais pour que votre dévotion lui soit agréable, appliquez-vous à retracer

ses vertus, sa pureté son humilité,
son amour pour Dieu, afin qu'après
vous avoir obtenu des graces innom-
brables sur la terre; elle vous conduise au bienheureux séjour.

2.d Discours
Sur l'obéissance

Jésus Christ a été obéissant jusqu'à
la mort et la mort de la Croix.

Je ne puis vous donner de
modele plus touchant que J. C.
obéissant jusqu'à la mort de la
Croix. Voulez-vous savoir quel doit
être la regle de votre obéissance,
regardez J. C. comment vous devez

obéir, regardez J. C. en quoi vous devez obéir, regardez J. C. jusqu'où vous devez porter votre obéissance, regardez J. C. Le vœu d'obéissance est au-dessus de tous les vœux par celui de pauvreté, on sacrifie à Dieu ses biens, par celui de chasteté sa personne ; mais par celui d'obéissance sa propre volonté et toutes ses facultés intellectuelles pour les soumettre à la volonté de Dieu dans celle de sa Supérieure. Je vais vous entretenir sur les qualités de l'obéissance : on doit être obéissant dans l'action, dans la volonté, et dans le jugement. L'obéissance de l'action consiste à faire à l'extérieur tout ce qui vous est commandé à moins que l'ordre de votre Supérieure ne contredienne aux commandemens de Dieu hors de là point de restriction, vous devez obéir à la voix de la Supérieure dans les bagatelles commes dans les choses importantes. Il faut y joindre l'obéissance de la volonté: par le voeu d'obéissance vous avez fait le sacrifice de votre propre volonté il faut donc obéir sans montrer la moindre répugnance, et pour accomplir la volonté de votre Supérieure, c'est là ce qui donne un véritable mérite à l'obéissance; mais il faut encore y joindre l'obéissance; mais il faut encore y joindre l'obéissance du jugement, le soumettant entièrement aux vües et intentions de votre Supérieure, quand même les votres vous paroitroient plus justes vous devez être persuadée que Dieu lui a donné des lumières pour vous conduire et qu'il ne demande de vous que le renoncement à votre jugement, car si vous vous contentiez de l'obéissance de l'action et de celle de la volonté, votre obéissance seroit injurieuse à Dieu, puisque vous commettriez une rapine

115.

dans l'holocauste en faisant un usage illicite d'une faculté de votre ame que vous avez sacrifiée par le vœu d'obéissance. Mais l'ame religieuse ne doit pas borner là son obéissance il faut qu'elle la rende spirituelle, c'est-à-dire qu'en obéissant à sa Supérieure, elle ait en vüe d'obéir à J. C. qu'elle la regarde comme revêtue de l'autorité de J. C. Quand votre obéissance auroit toutes les qualités hormis cette derniere, quand vous l'auriez pratiquée nombre d'années, vous n'avez rien fait de méritoire aux yeux de Dieu, vous n'avez point pratiqué l'obéissance religieuse, vous avez regardé

les bonnes qualités de votre Supérieure,
l'intérêt qu'elle vous portoit et non
la volonté de Dieu ; et cependant
elle seule doit être votre regle ;
Obéissez donc à votre Supérieure
comme revêtu de l'autorité de J. C.
et alors votre obéissance sera toujours
la même ; quand même votre Supérieure auroit des défauts parceque
votre obéissance vous fera percer
le nuage, et vous découvrirez la
volonté de Dieu dans ses ordres.
Dans le Sacrement de l'Eucharistie,
votre foi ne vous fait elle pas percer les accidens du pain et du vin
pour y adorer J. C. voilà sous ces
especes ? La même foi doit vous

117.

faire découvrir dans la personne de votre Supérieure l'autorité de J.C. pour vous y soumettre avec un profond respect. Comme religieuses, vous vous plaignez de ce que votre Supérieure est trop douce; mais le Seigneur lui laisse cette foiblesse pour ménager les vôtres. Si vous aviez un Ange pour Supérieure vous plaindriez vous bien autrement, puisqu'elle exigeroit de vous une parfaite observance de votre regle dans tous ses points. Vous vous plaignez de ce qu'elle a trop de fermeté; mais vous en avez besoin pour vous exciter dans la vertu. Vous vous plaignez de et qu'elle tient strictement à la pratique de la regle, ce n'est le langage que des ames Religieuses lâches et timides, he! que deviendriez-vous, si elle laissoit introduire des abus. Une faute contre le vœu d'obéissance est très grande, elle rend bien plus criminelle qu'une faute contre la pauvreté et même contre la Chasteté, parce qu'elle attaque la personne de Dieu même à laquelle elle s'étoit vouée entièrement. Un exemple tiré de l'Ecriture vous donnera une idée de la grièveté de cette faute. Samuel avoit défendu a Saül d'offrir un sacrifice au Seigneur avant son retour. Les ennemis d'Israël pres-

119

dans Saül ; Samuël ne revient pas à l'heure indiquée et Saül offre le sacrifice ; mais à peine est il terminé que Samuël paroit, il dit au Prince, vous avez fait une chose folle et insensée ; désobéir est un crime semblable à la magie. Cependant la désobéissance de Saül paroissoit excusable, elle avoit un motif qui paroissoit pieux, ce Prince n'étoit pas fait dans d'obéissance ; le Prophête pourtant la lui reproche comme un crime semblable à la magie, moyen par lequel l'on invoque le Démon. Parceque la désobéissance nous soustrait en quelque sorte à la puissance de Dieu, pour nous soumettre à celle du Démon, vous savez aussi comme ont été puni les murmurateurs : Coréa, Datan et Abiron, les uns sous la proie des flammes et la terre s'en trouve pour engloutir les autres tous vivants.

Ames Religieuses, je ne saurois trop vous le recommander, obéissez de toutes les puissances de votre ame et divinisez votre obéissance en ne voyant que l'autorité de J. C. dans votre Supérieure.

3.me Discours

Sur la Connoissance de J. C.

Je suis la voie, la vérité et la vie

128

La Connoissance de J. C. est l'unique Science nécessaire à l'homme. On peut le considérer, comme le Verbe éternel, comme la seconde Personne de l'Auguste Trinité, comme la Sagesse incréée ; Mais moi je me contenterai de vous développer cette Connoissance importante d'après les paroles de J. C. lui même : Je suis la voie, la vérité et la vie ; Nous le considérerons sous ces trois points de vûe qu'il nous a dictés lui même.

1er Point

Je suis la voie, cette expression peut avoir trois sens différens ;

une voie peut être considéré comme un chemin ; comme un moyen de parvenir où l'on tend, et enfin comme la maniere d'employer les moyens. Ces trois sens conviennent à J.C. Le péché de l'homme lui avoit fermé le chemin de l'immortalité ; Il se trouvoit une distance infinie entre Dieu et l'homme pécheur, qu'aucune Créature ne pouvoit remplir J.C. la seconde personne de la trinité vrai Dieu et vrai homme remplit cet espace et devient notre voie ; par lui nous parvenons de la terre notre exil, au Ciel notre véritable Patrie; mais comment marcher dans cette voie? par les moyens que nous donne J. C. qui sont ses Sacrements, ses commandements, ses graces; son Eglise; mais encore comment employer ces moyens pour avancer dans cette voie? J. C. nous en donne la manière par la méditation de ses mystères chacun nous découvre une vertu, dans l'Incarnation nous apprenons à pratiquer l'humilité; et l'anéantissement le plus profond. Dans la Nativité, l'amour de la pauvreté et du renoncement le plus parfait, dans la Circonsisvion la mortification de tous nous sens, et ainsi de tous les Mystères? Quels sont donc nos devoirs envers J. C. comme notre voie est celle de la nature, des passions, du monde, voie qui nous conduiroit à la mort, la seule voie qui puisse nous mener à notre Patrie est J. C. Je suis la voie. Nous servir avec reconnoissance des moyens qu'il nous a donnés pour avancer dans cette voie, et y marcher de la manière qu'il nous l'a enseigné; c'est-à-dire, par la pratique des vertus.

126.

2.d Point

J. C. nous a encore dit qu'il étoit la vérité, cette parole a aussi trois significations; Il est la vérité comme lumière; Il est la vérité comme opposé au mensonge; Enfin il est la vérité comme opposé à l'illusion et à l'apparence, Il est la vérité comme lumière. ~~de~~ Qu'est-ce que la Nature si elle n'est éclairée de la lumière du Soleil? ce sont des rayons qui la parent des plus belles couleurs. Qu'est-ce que l'homme sans les lumières de la raison? c'est elle

qui l'élleveut au dessus de tous les
êtres qui l'entoureut ; Mais à plus
forte raison combien dois être
brillante cette lumiere surnaturelle
de la verité qui est J. C. même.
cette qualité de la verité qui est
d'autant plus essentielle qu'elle est
dépendante de ce que nous venons
de dire que J. C. est notre voie, hors
comment peut-on marcher dans
la voie sans lumiere. La verité
comme opposée au mensonge. J. C.
est Dieu, donc il est cette verité
éternelle opposée au Prince du
monde qui est le Pere du men-

songe, c'est donc dans sa doctrine; que nous trouvons cette vérité sublime, qui d'esclaves du Démon, nous rend les enfans libres de Dieu, J.C. est vérité comme opposée à l'illusion et à l'apparence; c'est J.C. qui nous découvre les illusions du démon, c'est lui qui nous fait connoître les fausses apparences des biens et des avantages mondains. Voyons actuellement quels sont nos devoirs envers J.C. comme vérité; Nous devons avoir sans cesse recours à cette lumiere divine pour éclairer tous nos pas dans la vertu, nous devons chercher cette vérité incréée l'étudier attentivement.

dans le St Evangile, et l'opposer sans cesse aux faustes maximes du monde, enfin vous surtout, Ames Religieuses, vous devez connoître tout le prix de cette vérité, qui vous a dessillé les yeux, en vous faisant comprendre, qu'il n'y a qu'illusion et apparence trompeuse dans ce Monde que vous avez quitté, pour vous attacher sincerement a cette unique vérité de la Connoissance de J. C. connoissance qui est audessus de toute expression.

3em. Point

Enfin J. C. nous dit qu'il est la vie. Et il l'est en trois manieres, il est cette vie sanctifiante que l'En–

l'ont reçu dans le Baptême; et c'est cette vie qui le met en droit comme l'enfant de Dieu de participer au Royaume céleste; Mais cette grace si précieuse est perdue dans presque tous les hommes au premier usage de la raison; on la recouvre cependant dans les sacremens, on trouve des moyens de la fortifier dans l'exécution des préceptes, dans la pratique des vertus et même des conseils évangéliques. Enfin Jesus opère en nous cette seconde vie qui exige une véritable mort à nos passions, une grande fidélité à la grace, un amour vraiment généreux pour Dieu, l'acceptation volontaire des humiliations. Lorsqu'une ame a vécu constamment de cette seconde vie de J. C. alors le Seigneur, par un effet de ses miséricordes, la fait entrer dans la troisième vie qui consiste, dans une union parfaite avec sa divine personne; vie qui est un avant gout de la vie bienheureuse. Concevez donc, Ames religieuses, l'avantage inexprimable d'entrer dans la connoissance de J. C. il est la voie, la vérité, et la vie; c'est par lui que tout homme va au Pere, point de perfection point de sainteté qui ne prenne sa source dans Jésus; que doit-il y avoir de plus doux pour une épouse que de prendre son époux pour modele, pénétrez donc chaque jour plus avant dans la connoissance de Jésus afin de parvenir a la perfection de votre état.

7me Jour.

1er Discours

sur les Souffrances de J. C.

Nous l'avons vu il étoit méconnoissable c'est un homme de douleur.

Dans la méditation des mysteres de J. C. nous apprenons la pratique de toutes les vertus. Celui de la Redemption en renferme un grand nombre et mérite de fixer votre attention. Dans la considération de Jésus au jardin des olives, nous puiserons l'horreur du péché: en voyant Jésus au milieu de Jérusalem en butte aux contradictions et aux insultes de ses ennemis, nous comprendrons en quoi consiste l'amour des humiliations et du mépris: c'est le second pas que l'on fait dans la vertu. Enfin Jésus sur le Calvaire, nous inspirera l'amour des souffrances, nous fera comprendre le bonheur des souffrances, et c'est le troisième pas de la vie intérieure. Nous nous arrêterons à considérer Jesus dans le Jardin des Olives, nous remarquerons dans son adorable personne trois especes de souffrances; souffrances corporelles, souffrances spirituelles et souffrances divines si l'on peut s'exprimer ainsi.

1.er Point

Souffrances corporelles, Jesus après nous avoir laissé le gage le plus signalé de son amour dans le Sacrement de l'Eucharistie, vient au Jardin des Olives; ce jardin représente le Paradis terrestre, où le pre-

mier homme avoit perdu son innocence;
ce jardin est planté d'oliviers pour
nous apprendre que Jésus vient nous apporter la paix et reconcillier le pécheur avec son Dieu. Jésus avoit laissé
plus loin ses Disciples, en les quittant,
il leur avoit dis ces paroles : mon
âme est triste jusqu'à la mort;
Il emmene seulement avec lui ses
trois Disciples favoris que, quelques
mois auparavant, il avoit rendus
témoins de sa Transfiguration sur
le Thabor. C'est alors que s'abandon-
nant à la tristesse dans son âme
est accablée, il éprouve aussi un
ennui, un dégout, des frayeurs

inexprimables, et qui peut réduire notre divin Sauveur à un état si souffrant ? C'est la vue des douleurs et des ignominies de sa Passion, cette vue fait une impression violente sur toute son humanité ; impression qu'il eût pu réprimer s'il l'eût voulu ; Mais notre divin Sauveur vouloit être notre modèle dans toutes les situations, afin de nous donner la force de les supporter et en même tems pour les sanctifier. C'est là ce que nous appelons les souffrances corporelles.

2nd Point

Mais ses souffrances spirituelles

furent bien plus vives, elles furent causées par la vue de nos péchés, de ce péché mortel qui est si horrible aux yeux de la Sainteté même, de ces péchés qui tels légers qu'ils soient sont toujours des taches affreuses. Jésus est comme entouré de cette mer des péchés de tous les hommes, il se trouve chargé de toutes ces iniquités, Elles le couvrent comme un manteau, il voit, âmes religieuses, des péchés qui font une plaie bien sensible à son Cœur adorable, à votre profession vous aviez été purifiées, il est vrai des péchés que vous aviez commis dans le monde; Mais ceux dont vous vous êtes depuis rendues coupables sont, bien plus déchirans pour son cœur; l'abus des graces, l'oubli des regles, l'infidélité d'une Epouse; Ah! que la douleur de Jésus est vive! cependant il éprouva une certaine consolation toute spirituelle en voyant tous ces crimes, toutes ces taches effacées par l'effusion de son sang précieux.

3.me Point

La troisième souffrance, que nous

pouvons appeler divine, surpasse infiniment les deux autres, Jésus en est comme entièrement accablé; il prie le Père céleste d'ôter ce Calice d'amertume, sa face est contre terre, le sang sort de toutes les parties de son Corps et empourpre la terre; qu'elle est donc la cause d'une souffrance si inouie? C'est la vûe de cette multitude d'âmes pour laquelle le Sauveur va verser son sang et qui le mépriseront, le profaneront et iront se précipiter dans les flammes éternelles. Oui les

Jésus sauveur voit ces malheureux réprouvés, il ne peut supporter une vue si déchirante; mon Père, s'écrie-t-il, retirez de moi ce calice: cependant les crimes des pécheurs impénitens ont crié plus haut que le sang de Jésus; le Père céleste envoie un Ange qui lui manifeste les décrets immuables de la Justice éternelle, qui s'opposent à la demande du cœur de Jésus; l'Ange présente à notre Jésus sauveur ce calice d'amertume: Jésus le boit jusqu'à la lie; mais il trouve des forces dans la

soumission à la volonté du Père
céleste. Âmes religieuses, que le
spectacle de votre Sauveur, de votre
divin Époux livré aux souffrances
les plus cruelles les plus universelles
à la vue du péché, vous donne
donc une horreur extrême du péché
véniel, puisqu'il afflige sensible-
ment le cœur de celui auquel vous
vous êtes consacrées pour toujours.

2e Discours.

Sur l'Observance des Règles.

. . . .

. . . .

Je vais vous entretenir sur l'Ob

140.

servance des regles que nous considérons

sous trois points de vue différents.
l'Observance des regles fait la beauté
d'une ame Religieuse. l'Infraction
des Regles fait le malheur de l'ame
religieuse, et enfin de quelle gravité
est l'Observance des regles.

Les Regles et les Constitutions d'une
ame religieuse, sont ce qui partage
tous ses moments; ses regles sont les
productions du Saint Esprit comme
l'ont reconnu ceux qui ont reçu avec
les St. Instituteurs des différens
Ordres religieux; Chaque religieuse
doit regarder sa regle comme la

rempart de ses deux, et bien entrer dans son esprit; car l'esprit de chaque Ordre n'est pas le même, c'est bien le même but qui est la sainteté; mais les moyens sont différends. Aimez donc vos règles, observez les et ne dites pas qu'il y en a de minutieuses; rien de petit aux yeux de votre Divin Epoux, lorsqu'on le fait pour son amour, ayez donc soin d'animer votre fidélité de l'esprit Intérieur afin de donner un véritable prix à chacune de vos actions. Concevez donc le bonheur d'une ame religieuse qui a chaque pas obéi à son divin époux, car sa Regle est la voix de J. C. et parconséquent, n'y a t il rien de plus admirable, même aux yeux des Anges, qu'une Communauté dont tous les membres observent avec exactitude les Regles. Oui si toutes les Maisons Religieuses des differents Ordres, au moins le plus grand nombre avoient été dans l'observance exacte des Regles, nous n'aurions pas éprouvé les malheurs que nous déplorons. Mais si l'Observance des Regles fait la force et la beauté d'une ame Religieuse, qu'elle est donc malheureuse, celle qui méprise sa regle ou qui l'enfreint habituellement c'est une Epouse infidele, qui se prépare à la mort des remords bien cuisants. Voyons actuellement de quelle gravité peut-être l'inobservance des Regles: Il y a deux sortes de Regles celles qui tiennent à la pratique des

voeux les enfreindre, c'est pécher
contre son voeux. ainsi l'on ne
peut douter que ce ne soit de
véritables fautes; mais il est
d'autres règles qui ne sont en
elles-mêmes que de saintes pra-
tiques, qui tirent leur origine de
pieux usages; celles-ci n'obligent
point sous peine de péché suivant le sentiment de la plus part
des fondateurs, apportons un
exemple, la règle du silence;
âmes religieuses, vous rompez
quelquefois le silence aux -

heures qui vous sont marquées, quand ce n'est que par inadvertance; ou quoique reflechi, si l'infraction n'est pas considerable la faute est legere: mais si vous le rompez habituelement, vous faites une grande faute: D'abord la pratique de cette regle, et aussi des autres, est un sur moyen d'avancer dans la perfection: sans silence point de recueillement, sans recueillement point d'esprit inte

rieur, sans esprit intérieur, point
de solides vertus; donc en né-
gligeant de pratiquer le silence,
vous exposez votre salut. L'infraction habituelle à une Règle est
une preuve de mépris et devient
par là une faute grave. S.
Bernard dit à ce sujet que ce
qui n'étoit qu'une faute légère
devient un crime de rébellion.
Vous avez promis à votre Profession de pratiquer vos Règles
c'est donc manquer à votre

Divin Epoux, que de ne pas
garder des règles, de plus
votre exemple est pernicieux,
et que savez vous si le scandale
que vous donnez ne produira
pas dans votre maison des
abus dangereux. Je vous en
conjure donc par l'amour
que vous avez pour votre Divin
Epoux, renouvellez vous dans
l'exacte observance des règles.

8e Jour.

1er Discours

sur l'Esprit intérieur

C'est Paul qui suis dans les chaînes, je fléchis les genoux devant le Père de Notre Seigneur J.C. afin que par la force qu'il vous aura communiquée selon les richesses de sa gloire vous soyez affermis par l'esprit saint dans l'homme intérieur.

Faites attention, ô Révérendes, à la force des expressions qu'employe St Paul, ce Saint Paul, il se nomme lui même tout chargé de chaînes qu'il est, il fléchit les genoux pour obtenir aux fidèles cette vie intérieure qui est d'un si grand prix, à qui s'adresse t il ? au Père de notre Seigneur J. C. comme à celui qui est le principe de toute force ; afin que l'ayant communiquée selon les richesses de sa gloire, ils soyent affermis par l'Esprit saint dans l'homme intérieur. Grace inappréciable que cet état d'affermissement qui faisoit l'objet des prières d'un St Paul. Quelle est donc excellente cette qualité d'homme intérieur et qu'elle mérite bien tous vos efforts pour l'acquérir. Je vais entreprendre de vous expliquer dans cet entretien d'abord ce que c'est que l'Esprit intérieur, en suite quels avantages on retire de le posseder

Qu'est ce que l'homme intérieur?
pour le bien comprendre il faut
lui opposer l'homme extérieur;
je ne vous parlerai pas de l'hom
me du Monde qui ne vit que
par les sens et pour satisfaire ses
passions; Mais qu'est-ce que l'âme
Religieuse qui vit de la vie extérieure? c'est une âme qui a des
goûts humains, et qui par exemple une supérieure est obligée de
parler le langage de la nature
pour lui faire accepter un emploi
pénible, ou humiliant, lui faisant
envisager ce côté qui ne choque…

15.

ses son amour propre. l'ame intérieure n'a pas besoin d'un tel langage pour l'ambrasser, elle voit Dieu dans sa supérieure, des occasions de vertu, des moyens de sanctification dans cet emploi, la nature répugne; mais elle sait taire ses répugnances; ne se permet pas de représentations n'allegue aucune difficulté, et entreprend courageusement l'ordre du seigneur; voila la conduite de l'ame intérieure; aussi ne voit elle, dans tous les évenemens que l'action de Dieu, le dessein de Dieu, l'ordre de Dieu. Tous les évènemens changent de face pour l'âme intérieure, les moindres comme les plus importantes ont toujours Dieu pour cause, et c'est toujours là que se porte sa vue, ainsi rien ne l'étonne, rien ne l'effraye, rien ne la décourage Dieu l'a voulu, Dieu l'a permis, elle reçoit tout comme venant de sa main paternelle. David accablé d'insultes et de mauvais traitemens par Séméi, arrête ses gens par ces mots : laissez-le faire, Dieu a commandé à Séméi de maudire

David. Mais ce n'est pas encore assez : l'ame interieure s'embellit par chacune de ses actions parce qu'elle les fait toutes dans cet esprit qui l'anime ; ce qui n'est qu'une action indifferente pour l'homme exterieur, devient chez elle une action Sainte ; elle ne fait donc un seul pas, sans pratiquer la vertu, sans plaire a son divin Epoux : voila ce que c'est que d'etre un homme interieur ; Mais l'Apôtre nous parle spirituel et un homme nouveau, l'homme Spirituel et meme une fois opposé a l'homme animal. l'homme Spirituel Sélève toujours en haut par ses desirs; enfin sa vie est toute angelique; l'homme nouveau est encor supérieur à l'homme spirituel, il est opposé au viel homme à l'ancien Adam enfin l'homme nouveau est revêtu de J. C. qui est Dieu comme son Pere, ainsi l'on peut dire que l'homme nouveau est en quelque sorte divinisé, vous venez de voir ce que c'est que l'Esprit intérieur, je vais vous expliquer actuelement les avantages dont jouissent ceux qui le possedent.

D'abord une ame intérieure.

possède J. C. dans son cœur par la foi. Concevez, s'il est possible, Chères Religieuses, les avantages de cette possession divine; avoir toujours J. C. dans son cœur par les yeux de la foi, être toujours son temple, éprouver en soi-même ces paroles si touchantes de notre divin Sauveur, Je fais mes délices d'être parmi les enfants des hommes; Que cette union est belle! quelle est avantageuse! mais aussi qu'opère-t-elle et c'est le second avantage, une grande perfection dans toutes des actions; il n'y a point d'œuvres inutiles, d'actions vaines dans une ame intérieure, parceque tout en elle est animé et sanctifié de l'Esprit de J. C. qui la possède; enfin un troisième avantage, qui surpasse tous les autres, consiste en ce qu'une ame intérieure est remplie de la plénitude de Dieu même suivant l'expression de l'Apôtre; ~~Etre~~ rempli de la plénitude de Dieu même! comment pourrai-je vous faire entrer dans le sens relevé de cette expression, et vous en faire comprendre toute la sublimité? Une ame remplie de la plénitude de Dieu même, n'est-ce pas une âme qui mène une vie toute divine? une âme qui peut s'écrier véritablement comme l'Apôtre, non, ce n'est plus moi qui vis; mais J. C. qui vit en moi, rien ne la touche plus, rien ne l'occupe plus que ce qui a rapport à Dieu, elle ne peut plus même parler que de Dieu, parcequ'elle est remplie de sa plénitude, tout ce qu'elle voit lui rappelle Dieu, parcequ'elle a dans cette [illegible] à l'esprit que toutes [illegible] l'être [illegible] [illegible] plus [illegible];

quelle est [illegible]

avantageant ! elle [illegible]

la quelle [illegible]

[illegible] charme [illegible]

[illegible]

[illegible] après [illegible]

dans cette perfection elle est [illegible]

qui est [illegible]

[illegible]

[illegible]

[illegible]

[illegible]

[illegible]

[illegible]

[illegible]

[illegible]

[illegible]

[illegible]

[illegible]

[illegible]

[illegible]

[illegible]

[illegible]

[illegible]

[illegible]

[illegible]

[illegible]

[illegible]

[illegible]

[illegible]

[illegible]

[illegible]

[illegible] qui [illegible]

[illegible] fait [illegible]

2. [illegible]

[illegible]

[illegible]

[illegible]

[illegible]

[illegible]

[illegible]

[illegible]

[illegible]

[illegible]

ou l'auteur [illegible]
[illegible]
[illegible]
[illegible]
[illegible]
[illegible] l'esprit ; mais
[illegible] une manière imparfaite ?
[illegible]
[illegible] l'esprit [illegible] jusqu'à
[illegible]
[illegible]
plus ou moins parfaitement suivant nos dispositions et la nature du sacrement. Le sacrement
de la Confirmation est positivement

celui où l'on peut recevoir utilement le S.t Esprit; mais la foiblesse des dispositions du jeune âge dans lequel on le reçoit communément est cause qu'il se reçoit d'une manière imparfaite; ce sacrement exigeroit un grand détachement des choses de la terre, une élévation d'âme qui se trouve rarement. On peut cependant dire qu'il est, qui le S.t Esprit dans l'approche des sacrements, au moment où l'on fait le choix d'un état, d'autant plus c'est en un qui nous conduise à Dieu.

c'est à dire que nous avons besoin de secours, de force et de lumière; et dans toutes ces circonstances nous recevons le St Esprit d'autant plus parfaitement que nos dispositions sont plus saintes. Comment le recevons nous? par la distribution de ses dons qui se répandent sur nous selon nos dispositions et les besoins que l'on a sur nous. Le Don [illegible] laquelle est le plus parfait est le partage des âmes éminentes; il renferme tous les autres dons. Celui d'Intelligence

contient aux Peintres pour leur
faire peindre les différents sur
les toitures. Le ton de bleu
contient aux Théologiens pour
les éclairer lumineusement dans les
décisions importantes. Le ton
de Ciel contient aux évêques,
tout le partage est à l'emploi
et au service de leur état pour
avec une bonne armée. Le
ton de pouvoir contient aux
Ministres d'état pour
enseigner aux autres les lois
du contrat. Le ton de rose
contient spécialement aux abbés

tres [illegible] grande
[illegible] qui nous conduisent à la sainteté
[illegible] pour opérer leur
salut, et quels moyens reconnoit
on qu'il y est répandu? Aux
fruits que le St. Esprit produit
dans les âmes, et par rapport à
Dieu, au prochain, et à
nous-mêmes, les quatre qui
regardent Dieu sont la Charité,
la Joie, la Paix, et la Patience,
par la Charité qui est le plus
excellent des fruits du St.
Esprit nous sommes embrasés
d'amour pour Dieu, la Joie
nous fait parler d'une manière

appelle le joug du Seigneur. La Paix nous fait jouir d'un grand calme, La Patience nous fait endurer avec amour pour Dieu les choses les plus pénibles. Les fruits qui regardent le Prochain sont la Benignité, la Bonté, la Longanimité et la Douceur. La Benignité est une vertu qui nous rend non seulement bons; mais d'un accès facile envers le prochain, nous donnant cet air d'aménité qui est presque toujours le partage des âmes très vertueuses. La Bonté nous rend obligeants et prévenants envers le

Prochain. La Longanimité nous
fait supporter les contrariétés
qui nous viennent du Prochain
avec une douceur inaltérable. La
Douceur est une Vertu qui se
répand sur toutes nos actions.
La quatre qui nous regardent
sont la Continence, la Chasteté,
la Foi et la Modestie. La
Continence nous fait user de
tous les biens naturels avec une
grande discrétion. La Chasteté
[illegible] une pureté,
dans nos actions comme dans
nos affections. La Foi ou plutôt
la bonne Foi nous rend sincères.

et fidèle dans toute la conduite
de notre vie. Enfin la Humilité
est ce juste sentiment de nous
mêmes, qui n'est autre chose qu'
une véritable humilité. Examinez,
[illegible]
parfaitement le St Esprit par
les fruits qu'il a produits en
[illegible]
[illegible] de nom qu'il [illegible]
pleine de ses fruits de salut que
le Juste devienne encore plus
Juste; que l'imparfait devienne
parfait; [illegible]
[illegible]
[illegible]

pour sincèrement qui aurons
cette retraite dans l'état pareille
tout changez toutes nouvelles,
en plutôt que ce changement
s'opère intérieurement dans le
fond de vos cœurs, car ce sont
les vertus solides et intérieures
qui plairont à Dieu et qui sont
la véritable marque

Je vous souhaite la paix et
l'union dans notre Seigneur!

Table des sujets d'une Retraite

Pages

1er Jour.

2e Disc... sur la [illegible] 7

2e Jour.

3e Jour.

[illegible]

[illegible]

8e Jour.

Statuts de l'Adoration perpétuelle du Sacré Cœur de Jésus.

Chapitre premier.

L'esprit de l'Adoration perpétuelle du Sacré Cœur de Jésus dans l'Institut de la Congrégation de Notre Dame.

1.er L'Esprit de cette Sainte Adoration, est un Esprit d'amour, d'union et de réparation, d'amour pour notre adorable Sauveur, d'union aux sen-

~~471~~

timens de son Divin Cœur, et de réparation pour tous les outrages qu'il a reçus des hommes pendant sa vie mortelle et qu'il en reçoit sans cesse dans le Sacrement de son Amour.

L'exercice de cette Adoration doit être plus intérieur que solemnel. Les fêtes ne pouvant être multipliées à cause des Classes gratuites.

Pour entrer dans cet esprit Intérieur les Adoratrices s'occuperont pendant leurs adorations, autant qu'il leur sera possible sans contrainte d'esprit et sans gêner l'attrait de la grace des motifs suivantes.

1er Motif.

C'est d'entrer dans le Cœur de Jésus Christ, pour y adorer toutes les opérations, l'amour et aux réparations que ce Cœur sacré a rendus à la très Sainte Trinité, dans le Mystère ineffable de l'Incarnation; et pendant les trente années de sa vie cachée: et à celles qu'il lui rendra pendant toute l'Eternité, s'y unir au Cœur de Marie, pour adorer tous les instants de la vie de l'homme Dieu, et le dédommager par leur amour et leur réparations de l'indifférence des hommes

~~176~~ C.

Sur l'Etude et la connoissance de Jésus Christ.

2.d Motif

C'est d'adorer l'homme Dieu enseignant les hommes pendant les trois années de sa vie publique. D'aimer, et d'écouter ce cœur divin, d'où sortoient les oracles renfermés dans tout le saint Evangile. lui faire amende honorable pour les calomnies. les Injures, les Blasphêmes que les Juifs vomissoient contre la sagesse éternelle, qui leur parloit visiblement.

C'est particulièrement dans ce

second motif, que les Adoratrices puiseront cet esprit de douceur et de Compassion pour les Pécheurs ; cette patience inaltérable, avec les stupides ; cette Charité, cette fermeté, pour les obstinés et les hipocrites ; puisque c'est par la pratique de toutes ces vertus, que les filles de Notre Dame, doivent travailler à former J. C. dans les Jeunes Cœurs qui leur sont confiés.

3.e Motif.

Jésus-Christ souffrant et mourant, Ces deux mots disent tout à un cœur qui aime. Pour remplir plus digne-

[illegible] les [illegible] mal [illegible] et
[illegible] reparation [illegible] pere [illegible] la famil.
[illegible] toutes les circonstances de
[illegible] [illegible] [illegible] [illegible]
[illegible] toujours au
[illegible] de leur [illegible] mere, pour
[illegible] ses sentiments [illegible]
[illegible] une adorable fille
de l'impression [illegible] toutes les douleurs
[illegible] extérieures [illegible] reparer,
en [illegible] avec cette derniere mere,
[illegible] l'ingratitude [illegible] la
[illegible] des [illegible] toutes celles
qu'elle [illegible] dont nous
sommes témoins [illegible] les mauvais

chrétiens et les Saints qui [illegible]

les adoratrices [illegible]

pour la conclusion.

2e Motif

Le Mystère de l'Eucharistie.

C'est à l'amour immense que Jésus

nous témoigne dans ce divin mystère,

qu'une adoratrice doit se consacrer

toute entière. Comme Jésus, sur

l'autel est, et sacrificateur et

victime, une adoratrice ne peut

elle de son cœur être une victime

dans cette immolation pour expier

tous les outrages faits à [illegible].

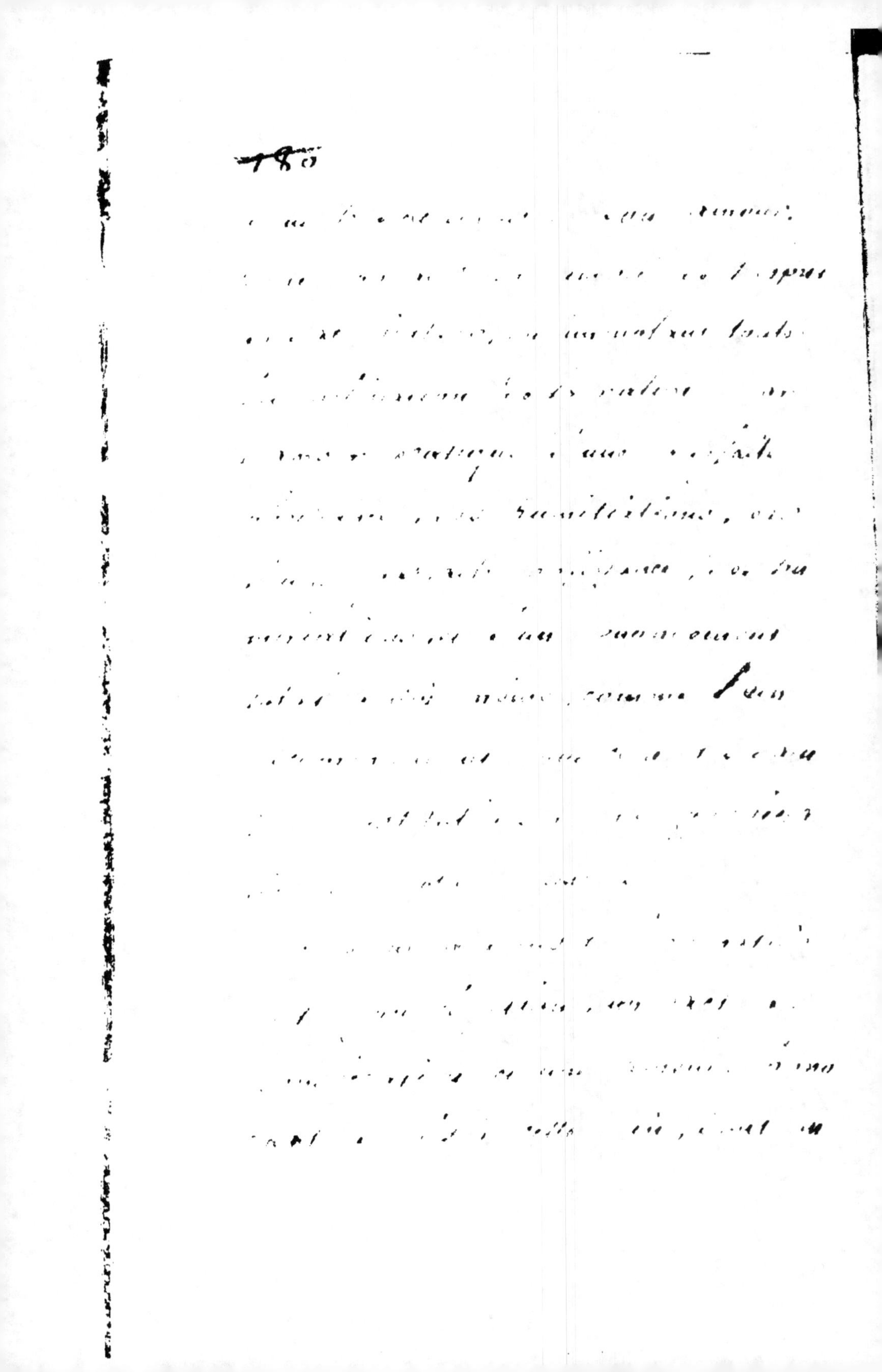

[illegible]

[illegible]

[illegible]

[illegible]

[illegible]

[illegible]

[illegible]

aux pieds de l'Autel que l'Adoratrice se placera, comme tous les jours et dans le cours de [illegible] réellement sur l'Autel, pour y apprendre ce qu'elle doit être, et ce qu'elle doit faire pour dédommager ce divin Sauveur des indignités des hommes, pour tous les [illegible] et sur tout à toutes les sacrilèges et profanations qui se commettent contre le Sacrement de son Amour.

Chapitre second.

Manuel de l'adoration, des pratiques et des exercices de piété relatifs à l'adoration.

1° [illegible] ... ou [illegible]

[illegible]

[illegible] ... [illegible] goûtera ...

[illegible] ... jamais par Dieu

[illegible] ... [illegible]

de Jésus suis établie, et par vous
suis vouée à son [illegible] expliquer la Divine bonté de recevoir
ma Profession dans laquelle je
me donne en qualité de victime et
de réparatrice à l'adoration perpétuelle du Cœur adorable de Jésus
victime et réparateur au très saint
sacrement de l'autel... suis à
.... les jours et [illegible] 83 ..

2° Le sacré Cœur de Jésus sera
le premier titulaire de leur église,
et le maître autel sera l'autel
du Sacré Cœur.

3°. Le Vendredi après l'o[illegible]

[illegible] [illegible] [illegible] [illegible] ement.

[illegible] tous les dimanches, elles célébre-

ront les fêtes du Sacré Cœur de [illegible]

[illegible] avec éclat particulier. Le

[illegible] [illegible] exposé pendant

tout l'octave et tous les soirs au Sa-

lut le Saint Sacrement honorable.

Elles [illegible] [illegible] plé-

[illegible] [illegible] en octave tant pour leur

[illegible] que pour les fidèles que la

piété [illegible] avec leur Eglise, les

jours spécialement dédiés au culte

du Sacré Cœur. Elles suivront pour

cette [illegible] solennité l'ordre prescrit

au Cérémonial.

9. Tous les premiers vendredis du

mois le Saint Sacrement sera exposé

et l'office d'y sera comme il est spécifié au Cérémonial dans l'octave du sacré Coeur.

4° Le Samedi dans l'octave de la Conception, elles célébreront la fête du sacré Coeur de Marie, lorsque cette fête tombera le Samedi, celle du coeur de Marie se célébrera le jour de l'octave de la Conception.

Les filles de la Congrégation ont fixé à cette époque, la fête du Coeur de leur divine Mère, pour honorer d'une manière plus particulière sa pureté virginelle, et l'union de son coeur très saint avec celui de son divin fils, pendant qu'elle le portoit dans son chaste sein.

187.

5.° Elles viendront aux mémoires communes de l'Office, celles des Frères convers et Tertiaires de l'Ordre.

6.° Tous les Vendredis de l'année, celles des Sœurs qui ne seront point actuellement et légitimement empêchées, se rendront au Chœur à trois heures sonnées. Elles seront averties par la Cloche, qui tintera 33 coups en l'honneur des 33 années de la vie de notre Seigneur; étant toutes assemblées, elles chanteront l'antienne tirée de l'Évangile selon St Jean sur la mort de J.C. et l'ouverture de son côté; ensuite elles se prosterneront pour adorer J.-C. [illegible] autour

mourant . et s'unir aux derniers sentimens d'amour de son Epoux envers son
Père Céleste et pour le salut des hommes. S'étant relevées au signal donné
par celle qui préside. Elles chanteront
les versets. Et vos armes qui transfixis
et l'Orémus de la fête des cinq plaies.
ensuite les trois strophes du stabat
marquées au Cérémonial l'amende
honorable . Outre les Communions
prescrites aux Constitutions elles
Communieront tous les premiers vendredis et premiers dimanches de chaque
mois et tous les Jeudis de l'année
et tous les vendredis du Carême .

Chapitre [illegible]

La seconde classe dite des [illegible] élémentaires

1er. Pour soulager les sœurs employées à l'instruction, on recevra pour être religieuses des personnes qu'une santé trop faible pour le travail ou l'instruction ou l'obligation du grand Office éloigne de la consolation de pouvoir se consacrer à Dieu et qui désirées par attrait à l'adoration du sacré cœur de Jésus ne peuvent trouver cet avantage dans d'autres ordres religieux.

2. Le Noviciat des Sœurs de l'Adoration, sera le même que celui qui est prescrit pour les Novices du Chœur aux Constitutions de la Congrégation, soit pour le tems fixé soit pour les épreuves du Noviciat.

3°. Le Dimanche, le mercredi et le vendredi, elles réciteront le petit office du sacré cœur de Jésus, le lundi, le mardi et jeudi celui de la Sainte Vierge, et le samedi l'office du sacré cœur de marie; lorsqu'elles assisteront a l'office du cœur, les heures qu'elles auront récitées avec leurs Sœurs leur tiendront lieu de ces mêmes heures)

1°

de leur petit office. Elles seront obligées comme les autres Sœurs à la Regle de S.t Augustin et aux Constitutions de la Congregation de Notre Dame; excepté au vœu de l'Instruction de la Jeunesse, et au grand Breviaire.

4. Elles ne pourront jamais être Superieure, Assistante, Maitresse des Novices, Intendante des Classes, ni Préfette des Pensionnaires, mais elles pourront être employées suivant leur capacité, et leur santé dans tous les autres emplois qui se donnent aux Sœurs du Chœur, même dans les classes si on les reconnoissent capables d'y occuper quelqu'emploi: Ainsi que les Constitutions s'en expliquent à l'égard des Novices

et Postulantes du Chœur.

5. Elles auront voix active dans toutes les réceptions et délibérations référées au Chapitre mais elles n'auront voix passive, que pour être Conseillères et jamais, sauf les circonstances référées aux Supérieurs Ecclésiastiques on ne pourra élire plus de deux Sœurs Converses pour être ensemble Conseillères,

6. On ne pourra pour le moment recevoir de Sœurs Converses qu'au tiers du nombre des Sœurs du Chœur de la première Classe. Si celles cy sont au nombre de 24, on pourra recevoir huit Sœurs

Lédératrices si le nombre est de 25 ou 26. huit de même, s'il est de 27. Neuf. et ainsi progressivement; jamais toujours a proportion du moindre ou du plus grand nombre des sœurs de la premiere Classe. cette précaution est nécessaire pour assurer a perpetuité l'instruction gratuite.

Car des motifs d'intérêt que l'on couvriroit d'un faux Zele pour l'éducation, pourroient porter a multiplier les sœurs Lédératrices, et nuiroient indubitablement a la réception de sujets pauvres, mais bien pourvus des qualités propres

a l'Education de la Jeunesse, et
au nombre suffisant pour la
maintenir et la perpétuer.

7. Les Religieuses de la Congrégation de Notre Dame, doivent
se persuader que leur Zele pour
l'Instruction de la Jeunesse, est
le moyen le plus efficace qu'elles
puissent employer pour attirer
a J.C. des victimes de ~~son Amour~~
Divin Coeur; et que leur tres Sain
te Mere, la divine Marie, qui
leur a inspiré d'unir l'Adoration
perpétuelle à leurs Saintes Constitutions, leur fournira des moyens
de ne l'interrompre jamais;

195.

8. Les Sœurs de l'Adoration perpétuelle, prieront chaque jour pour la propagation de l'instruction gratuite.

Chapitre Quatrième.

Des vêtemens et de leur forme.

1.° Notre saint Instituteur. 3.ème partie Chapitre 12. Article premier de ses Constitutions, dit que : ce n'est pas assez d'avoir réglé l'intérieur et l'extérieur d'une Religieuse ; qu'il faut encore avoir un grand soin des choses qui sont destinées à son usage, et employées à

l'autour de sa digne personne. En
la premiere de toutes ces choses, a
sçavoir les dits habits qu'elle porte, en
qu'il faut les regler et moderer
de maniere qu'il ne s'y glisse ni
vanité ni superfluité ; ce qui nui-
roit à la beauté spirituelle, tant re-
commandée dans leur sainte Regle
aux filles de Notre Dame. Mais
cependant, continue notre Saint
Instituteur, il faut que ces vête-
mens leur soient raisonnablement
administrés selon les lieux, les
saisons et les necessités.

2°. Pour le fait des habits spécialement toutes se ressouviendront

toujours de la parfaite simplicité
religieuse et de la modestie, et ne
s'y serviront que d'étoffes communes et de bas prix.

3°. Les habits des Professes du
Chœur de l'une et de l'autre Classe
seront toujours uniformes selon la
la façon et la qualité des étoffes
de même que pour le port et l'usage d'iceux. Ceux des converses en-
tr'elles seront aussi assujettis à la
même uniformité et il en sera aussi
de celui des Novices; qui ne pourront ni les uns ni les autres, devenir jamais susceptibles d'aucun
changement ni variation.

4°. Elles n'employeront jamais

pour leur usage, ni de toile de hollande, de Batiste, ni d'autres fines toiles, comme aussi jamais d'étoffes de soye.

5. Elles porteront sur leur tete une Coëffe de toile toute simple, et des bonets de laine, ou de futaine, autant qu'elles en auront besoin, tous les autres objets en linge, laine, ou coton, pour chemises, Juppons de dessous, Camisoles, ou Corsets, et autres choses necessaires seront toujours du bas prix, et plus ou moins commun suivant l'usage auquel ils ils seront destinés.

Elles porteront un bandeau de toile blanche (?) couvrir cette

rement le front et les sourcils.
il s'attachera derrière la tête.
avec des cordons cousus aux quatre coins du bandeau.

Elles auront une Guimpe aussi
de toile blanche; qui s'attachera des deux côtés des oreilles,
et au bas du bandeau pentourte
que la Guimpe entoure le visage.
Elle descendra sur la poitrine,
et sa longueur sera proportionnée
à la taille de chaque Religieuse,
ou on fera de trois grandeurs dif-
férentes; elle couvrira les Epaules
et le Milieu par derrière avec -

deux Coutures.

Elles auront un voile blanc de toile, qui ne sera point cousu par derrière ; car ce voile blanc sera le Noir d'Etamine ordinaire, il sera coupé par derrière et la couture qu'il conviendra d'y faire sera toute simple. Le bas du voile ne sera pas cousu, il sera joint et cousu avec le voile blanc ; mais en sorte qu'il passe le blanc à peu près un doigt, pour sa longueur, et descendra jusqu'au coude, et aura de chaque côté de la couture 1. largeur

de l'étamine, comme crêpe ou
indienne, et descendra sur le front
de telle sorte qu'on ne voye que
cinq ou trois doigts du bandeau.
Il s'attachera d'une épingle
sur le front au dessus du
premier ourlet, de deux autres
épingles vers les tempes, et de
deux autres derrière les oreilles;
il ne sera échancré qu'autant
qu'il le faudra pour tomber
modestement sur les épaules et
couvrir les extrémités de la guimpe.
Par dessus ce voile elles porte
tout un voile noir d'étamine

légère : mais non de façon qu'on
puisse distinguer les traits de
leur visage quant à ceux brûlés,
pour les plus grandes de ville,
aura une Aune et demie de long
et moins à proportion pour celles
de taille médiocre ou petite de
personne bien proportionnée.
Des deux côtés, au bas de celui et
à l'endroit sera cousu un petit
ruban de crêpe noir étroit, au
dessous un quart d'aune chaque
sur lequel seront faits quelques
quelques points à deux endroits
différents pour joindre [illegible]

sera celui de voile et s'attachera
d'une épingle sur la tête et
relevé sur icelle par un bout
plié d'environ la largeur d'une
main ; et tombera sur les épaules
de telle sorte que, tant icelle et
jusqu'au bas, il couvre la toile
de devant.

5°. Elles auront une robe noire
couleur noire, le corsage en sera
fait simplement et sans aucun
ornement soit pour la forme
soit pour les coutures. il se croisera
sur l'Estomac et s'attachera avec
deux épingles, il sera doublé, de

toile, de futaine ou de soie selon
la saison ou les infirmités, a
ces Corsages seront cousues des
manches étroites, qui descendront
jusqu'au poignet et s'attache
ront des deux bouts de la bou
chelle, avec un petit bouton noir
ou une agraffe, le bas de la
Robe prendra dans le Corsage
vers le milieu du dos ou se fe
ront quelques plis larges de la
façon la plus simple et la
plus commune, le devant de la
Robe, sera joint par une couture
jusqu'à peu près la ceinture.

il montera sur le corsage qui
prendra le col: et depuis l'é
chancrure du corsage, par devant
sera un petit collet de toile noire
qui s'attachera avec une agrafe:
aux [illegible] seront froncées les
devants de la robe sans aucun
arrangement de plis. les dits devants
de robe ne pourront jamais être
arrêtés sur l'estomac autrement que
par la ceinture, sur les épaulettes
du corsage seront cousues les
grandes manches, elles descendront
jusqu'au bout des doigts et auront
toute la largeur de l'étoffe, sans

aune environ. la largeur de sa robe sera de trois aunes et un peu plus, pour les plus grandes, ou celles qui seront plus replettes; la longueur sera mesurée de telle sorte, qu'elle couvre le dessus du soulier sur le devant, et que par derrière elle cache les pieds quand elles sont prosternées. La robe se taillera de manière qu'elle ait deux pointes vers les côtes, qui monteront sur le corsage, et y seront fixées par deux plis plats et communs, sans façon quelconque

6°. Elles auront une juppe noire

~~127~~

de même étoffe. elle aura deux aunes de tour, ou un peu plus; pour la longeur, elle tombera jusqu'au quartier du Soulier.

7.° Elles auront un Manteau d'Eglise de même couleur; il pourra être de même étoffe que la Robe: il la dépassera d'un doigt, ce Manteau sera monté sur un petit collet de laine noire, et tom bera au devant des Epaules. Il s'attachera sous la Guimpe avec une agraffe. Elles prendront ce Manteau pour l'Office du Chœur, aux Fêtes des premieres

Clettes, pour les Communions des Vêtures, de Profession et d'Enterrements, et tous les jours pour la Messe de Communauté et la sainte Communion; aux autres jours, et dans les grandes chaleurs de l'été la Mère Supérieure pourra en dispenser, et quelquefois aussi les anciennes et les infirmes.

8°. Elles auront une Ceinture de laine noire tissue large d'environ deux ou trois doigts, elle s'attachera au corsage de la robe, au dessus des plis et viendra joindre sur l'estomac, où elle s'attacheront aux deux épingles, distantes l'une de l'autre de la largeur d'une main pour faire retomber les deux bouts par devant jusqu'au bout de la robe.

9°. Elles porteront sur leur poitrine une Médaille en forme de Cœur sur laquelle seront en relief les sacrés Cœurs de Jésus et de Marie et la couronne d'épines... elle tombera sur la Ceinture entre les deux Épingles et sera attachée par un petit anneau, à un ruban large de deux couleur de feu, taillé en pointe vers le petit anneau de la Médaille et remontant des deux côtés pour être attaché sous la guimpe au défaut des épaules; au revers de la Médaille seront gravés ces mots: Loué et adoré soit à jamais le Sacré Cœur de Jésus. Cette médaille sera d'argent doré, pour les sœurs du Chœur et d'argent pour les sœurs adjutrices.

10.° Au quatrième doigt de la main droite; elles porteront une alliance or et argent, sur le chaton d'or on gravera les sacrés Cœurs de Jésus et de Marie, avec ces mots en lettres initiales, Dilectus ment mêlé, et sur l'argent ceux-ci, et ego illi, dire Jésus et Marie, avec le nom de Religieuse de celle pour qui sera l'alliance.

11°. Les Novices du Chœur seront vêtues comme les Professes: seulement leurs voiles seront blancs et ne porteront ni l'alliance, ni la médaille.

12°. Les sœurs converses auront une tunique de même étoffe que les robes des sœurs du Chœur, elles auront deux aunes et demie de tour ou un peu plus selon la taille, elle ne traineront

pas; mais tomberont sur le Soulier.
la Robe sera apeuprès comme celle
des Robes des Sœurs du Chœur,
leurs petites manches seront toutes droites, cousues tout du long
et un peu plus larges que celles
des Sœurs du Chœur. Leurs gran
des manches seront au contraire
plus étroites elles ne porteront
celles ci que pour aller au Chœur,
et ne seront dispensées pour leurs
travaux.

13. Pour aller au Chœur, au
Chapitre et aux Conférences
elles auront un bas de Robe
d'environ trois aunes de tour

De même étoffe que la tunique
un peu plus court que les robes
des Sœurs du Chœur, il sera
cousu par derrière jusqu'à une
certaine distance de la ceinture.
Croix de lis plats et montée
sur un ruban de soie noire.

14°. Les Sœurs Converses
ne porteront ni le Manteau
d'Église ni le voile noir et
ne mettront le grand voile
blanc que comme il est marqué
pour leur bas de robes.

15°. Les Sœurs du Chœur
pourront porter sous leur

robe une tunique semblable à celle des sœurs Coadjutrices, dans ce cas les petites manches seront cousues à la tunique et les grandes à la robe, dans leurs travaux et infirmités, ou dans les grandes chaleurs de l'été, elles pourront ne porter que leur tunique.

16. Leurs Chaussures seront simples, pauvres et modeste : de couleur noire ou brune sans aucun ornement. leur bas seront de fil, Coton ou laine, blancs, noirs, ou d'autre couleur commune.

17. Pour conserver à perpétuité cette forme de vêtements et qu'il

ne s'y glisse dans la suite quelque abus, ou curiosité, ou recherche, il y aura deux poupées habillées ainsi qu'il est porté au présent Chapitre. L'une sera conservée dans le vestiaire pour servir de modele à celles des Religieuses qui font les habits; et l'autre sera gardée aux archives dans l'armoire à trois Clefs. On écrira tout ce qui forme le vêtement de la ditte poupée et cet écrit sera signé par le Conseil.

18. La grande fidélité que

toutes et chacune en particulier, auront à conserver la pauvreté dans les Etoffes et la simplicité et uniformité dans la forme où un puissant rempart de la discipline Religieuse et apportera du bonheur, et procurera des bénédictions à tout le Monastère, ainsi que nous l'assure notre Saint Instituteur, Article 16e du même Chapitre.

19. Pour la nuit elles auront un petit bandeau étroit pour cacher le haut du front, la Coëffe tombera [illegible]

sur la poitrine en place de Guimpe. Sur cette Coëffe elles auront un petit voile noir pour les Professes du Chœur, et de toile blanche pour les Novices, et les Sœurs Coadjutrices. il sera fait comme les voiles de dessous et tombera sur les Epaules.

20. Chacune aura un tres grand soin de conserver ses habits propres, sans vanité néanmoins ni curiosité, et prendra garde que par sa faute il ne viennent à se déchoir ou gater: et lors qu'il sera nécessaire de les recoudre ou réparer, elles en avertira doucement celles qui

en tout chargées, et se reposeres au
esprit de pauvreté et d'humilité
sur la Charité de ses Compagnes,
sans se laisser aller aux murmures
et aux plaintes si elle croit qu'on
la néglige ou qu'on l'oublie.

Chapitre 5eme

Des Sœurs Adjutrices et des Srs Courrieres

Les Sœurs Adjutrices feront le
vœu de l'Adoration perpétuelle
comme les Sœurs du Chœur. Elles
se souviendront que cet engagement
les oblige à un esprit de silence
et de recueillement dans leurs occupa

Pour extérieures, une sœur Directrice,
doit être certainement alors de son
temps, pour se ménager des moments
précieux aux pieds de Jésus-Christ,
selon que l'obéissance le lui permettra ;
mais elle ne doit pas perdre de vue
sa état, appellée aux devoirs de
Marthe, elle ne doit point suivre
le repos de Marie, si elle veut
que le Seigneur regarde ses sorties
avec complaisance.
Elles ne se plaindront donc jamais
de leurs occupations extérieures,
et s'y prêteront à toute dilatation
ainsi que le leur commande leurs
comme aussi leurs saintes Constitutions.

Elles se rendront familière cette recommandation de notre Seigneur: apprenez de moi que je suis doux et humble de cœur. Elles pratiqueront cette sainte humilité, en chérissant le rang que le Seigneur leur a donné dans sa sainte maison par la douceur qu'elles montreront, le grand respect qu'elles porteront à toutes les sœurs du chœur comme le leur ordonnent les saintes Constitutions, en appellant en commun de même les sœurs du chœur; elles se représenteront [illegible] comme tenant la place de la sainte Vierge étant, comme elle [illegible]

charitez de l'Autre et de l'amour de

dans ces mots

et le manq

qui leur sont prescrits, pour cha

cun ces offices elles ajouteront

ces mots : Reximus in Æternum

Jesum Christum cor unanimum.

Elles sont exhortée a renouveller

cette même intention d'heure a

autre pendant leurs travaux.

Art. 2e Communion

On pratiquera pour les deux

Communions tout ce qui est prescrit

au Chapitre 25e de la seconde

partie des Constitutions.

1°. [illegible] auront [illegible] la maison le tems prescrit au [illegible] chapitre pour leur Congrégation. elles feront annuellement les vœux de pauvreté, chasteté et obéissance et celui de l'éducation.

Elles porteront une robe noire de laine d'une forme modeste, une coiffure simple et éloignée de toute vanité. elles porteront sur leur poitrine une petite médaille en relief des [illegible] Jésus et de Marie.

2° Les Constitutions n'admettent des filles [illegible] [illegible]

Statuts de la Maison de [illegible]

pour [illegible] la Nuit

Il y aura toujours [illegible]

attachées à ces filles [illegible]

en un nombre suffisante

pour se livrer aux [illegible] du dehors.

[illegible] en ce cas, la mo-

[illegible] ou une autre religieuse

au milieu de la Maison [illegible]

[illegible] chargée de régler leurs

[illegible] et les commencer [illegible]

[illegible] pour être employées

tantôt aux [illegible] religieux et

tantôt au [illegible] de l'intérieur

de la maison.

Après leur vocation, la maison
pourvoira à tous leurs besoins et
dans leurs maladies ou infirmités
elles seront à l'infirmerie soignées
comme les Religieuses.
4°. Si elles ont quelques revenus
toutes ou quelques unes de patrimoine
elles ne pourront en disposer qu'à
leur [illegible]
[illegible].
5°. Si elles veulent donner leur
petit patrimoine au Monastère, on
prendra garde qu'elles ne le fassent
au détriment de leurs proches parents qui seraient pauvres et en

mérité des Religieuses de la Congrégation, et démontreront toujours
[illegible] ce beau sentiment de leur père
[illegible] Augustin [illegible] quelqu'un
[illegible] ce grand saint, tout désho-
[illegible] des enfants, pour enrichir
l'église, qu'il cherche un autre
qu'augustin pour recevoir ses biens
[illegible] Elles réciteront chaque jour
[illegible] Office du Sacré Cœur, [illegible]
[illegible] celui du Calvaire, le Samedi
elles réciteront celui de l'Immaculée
Conception [illegible] toutes [illegible]
[illegible] le leur permettent.
[illegible] le cas contraire, elles pourront
[illegible] [illegible] diverses reprises

réciter 33 Pater et autant d'Ave
Maria, en l'honneur des 33 années
de la vie de Notre Seigneur, et
après chaque [illegible] et [illegible]
Elles ajouteront ces paroles [illegible]
[illegible] Domine [illegible] [illegible]
[illegible].
On les formera à l'exercice de
l'oraison et des vertus chrétiennes,
on leur inspirera une grande fidélité et équité en achetant ou en
vendant.
On leur donnera le Chapitre 35e
de la seconde partie des Constitutions et les articles qui les concer-
nent dans le présent chapitre

ainsi que ceux qui traitent de la pauvreté et de l'Obéissance en ce qui peut leur convenir.

7°. Elles garderont le silence Régulier et l'ordre domestique quand elles seront dans la maison.

Chapitre 6eme.

Raison de la forme du vœu, moyens propres à maintenir l'Adoration perpétuelle, circonstances pour l'interrompre

1°. Il a paru convenable de donner au vœu de l'Adoration, la même forme qu'au vœu de l'instruction ; pour éviter les scrupules et tranquiliser la conscience des Supérieures, cette précaution est nécessaire dans une maison chargée de l'Education, par cette formule, une Religieuse, est vraiment obligée de maintenir l'Adoration perpétuelle : mais elle n'y est obligée personnellement qu'autant que la sainte obéissance le lui ordonne ou permet ; et dans les circonstances où la Mere Supérieure croira devoir l'en dispenser à raison de ses dispositions

~~[illegible]~~

Morales ou phisiques, l'une et l'autre sera en sureté de conscience)

2° Une Religieuse de la Congrégation de Notre Dame, ne doit jamais perdre de vue que sa vocation étant d'imiter l'homme Dieu sur la terre, autant que sa foiblesse peut le lui permettre ; elle doit donner plus à la prière qu'à l'action ; mais que devant, à l'exemple de ce divin Sauveur, travailler, selon sa portée, au salut des ames, elle ne doit voir, soit dans l'action, soit dans la prière, que la volonté du pere céleste. Ainsi elle aura parfaitement rempli son vœu de l'Adoration, lorsqu'elle aura fait ce que l'Obéissance lui aura prescrit, surtout quand elle en aura été dispensée pour remplir le devoir de l'Instruction de la jeunesse, son union intime avec celle de ses Sœurs qui la représente aux pieds de Jesus Christ, lui tiendra lieu d'Adoration et attirera les bénédictions du Ciel, sur les ames dans lesquelles elle travaille à former Jésus-Christ.

3°. Si les Adoratrices se trouveicent en petit nombre, et que leur pauvreté fut telle qu'elles n'eussent d'autre ressource pour vivre que leur travail, voici ce qu'elles feront : chacune se rendra au Chœur à l'heure qui lui sera marquée, fera l'amende honorable, et ensuite se placera dans le lieu le plus proche du Chœur, pour y travailler dans un profond silence, intérieurement uni à Jésus-Christ. Si la fatigue de l'esprit ou l'application au travail nuisoit au recueillement intérieur, l'Adoratrice pourroit y suppléer par la récitation ou le Chant de quelque Psaume, hymne, Cantiques, ou prière relatifs à l'adoration.

2°. Nos Saintes Constitutions disent qu'on pourra, dans des tems de Calamité suspendre pour quelques tems l'exercice des Classes: mais qu'on les reprendra le plustot possible

De même dans des maladies contagieuses qui attaqueroient un grand nombre des Adoratrices: soit dans ce cas soit dans d'autres imprévus, s'il se trouvoit moins de douze l'adoratrice en état de veiller la nuit, la Mere Superieure pourra dispenser de quelques heures de la nuit et même de quelques nuits s'il étoit nécessaire, et pour le tems qu'il conviendroit d'interrompre : si quelques personnes pieuses, habitantes de leur maison, s'offroient a faire l'adoration il seroit mieux d'accepter ce service de leur zele que d'interrompre l'adoration faute d'adoratrices.

5°. On ne comptera point pour interruption, le temps que l'Adoratrice ira eveiller celle qui doit lui succeder. mais dans le jour on ne quittera point que la succedante ne soit arrivée, celle qui quitteroit avant d'être remplacée, ou qui ne seroit pas rendue ponctuellement à son heure, iroit s'en humilier et demander pénitence.

7°. pour quelque necessité urgente, un interval de quelques instants et qui n'arriveroit que rarement à l'adoration ne sera point réputée interrompue, si l'adoratrice se trouvoit par une indisposition subite hors d'état d'achever son heure, elles sonneront à la cloche, les

[illegible]

coups marqué au Ceremonial, pour
venir prendre l'Adoration.

8. On aura soin que la tribune
destinée aux Adorations de la nuit
soit placée dans un lieu voisin de
ceux que l'on habite pour pré-
venir tous les inconvéniens qui
peuvent survenir.

Chapitre septième

[illegible] de la Mère supérieure
pour maintenir et faciliter l'adoration perpétuelle.

Le Chapitre [illegible] que

tième partie des ... est tiré ...
trait du dessein de la ... de la
personne et dit en l'article quatrième :
que de bien qu'il ne en Monastère
en un ouvrage par lequel elle ...
témoin des forces et de ... et
qui a toujours été tenu pour un
souverain bien et grand de tout
esprit, elle tâchera que dans une
profonde humilité et méfiance
de soi même, elle se tiendra toujours
le plus qu'il lui sera possible
unie et familière à Dieu tant
en son Oraison qu'en toutes ses
Actions.

1er C'est par l'exercice de cette droite et humble familiarité avec son Dieu que le Maître [illegible] sur les marches de Dieu, dont les [illegible] doivent être embrassées: afin qu'il le [illegible] dans cette vie, pieds du Saint [illegible] et qu'il ne s'éloigne jamais. L'occupation corporelle étant un exercice d'amour, il faut qu'il se fasse par amour, et jamais par contrainte

2° [illegible] encore [illegible] l'[illegible] [illegible] avec [illegible] les dispositions spirituelles et corporelles [illegible] pour régler les heures [illegible] occupation [illegible] qu'elle

ne leur soit point nuisible surtout
du côté de l'esprit elle dirigera leur
ferveur de telle sorte qu'elle anime
toujours le desir et la soif de la
sainte Adoration.

3°. Elle consultera leur santé,
surtout pour les veilles, fixant à
chacune, celle qui convient le mieux
à ses dispositions pour le sommeil
cette attention doit être scrupuleuse
surtout à l'égard des Sœurs de [illegible]
et les Sœurs Converses. La Mère
sera instruite autant qu'il se pourra
qu'on ne leur donne que des veilles
du soir ou du matin, afin que leur
repos ne soit pas interrompu.

Ces prières ensuite, les [illegible] seront données aux sœurs adoratrices. à celles qui ont les moins [illegible] [illegible].

Il faut que la sœur [illegible] choisisse la première adoratrice ainsi que l'adoratrice principale ; cependant à raison de ses grandes occupations, on en choisira une autre nommée adoratrice de l'adoration, sa charge sera de faire le rôle pour les heures de l'adoration, celui de la nuit, de jour toutes les semaines, celui du tour de jour tous les mois. ainsi que le nombre des adoratrices et le changement des emplois

ne l'exige autrement et pour procurer également à chacune l'avantage
de pouvoir faire l'adoration pendant
le jour.

5° La Mère Supérieure choisira
entre les mères, pour être Zélatrice
de l'adoration, celle en qui elle
reconnoîtra plus de zèle et d'ardeur pour ce saint exercice; et qui
soit toujours disposée à remplacer
des sœurs au besoin. Il faut que
cette Zélatrice joigne à son exactitude une grande vigilance, pour
que toutes les heures soient fidè-
lement remplies, qu'elle soit pleine

de componction et d'attention pour
les sœurs qu'elle rendra un compte
exacte à la Mère Supérieure de
tout ce qu'elle appercevra de disposi
tions, afin qu'elle puisse, dans le
cas de négligence ou d'indifférence,
y apporter promptement le remède,
fermer la porte à l'ennemi de tout
bien, qui par des ruses chercheroit
à nuire à la perpétuité de leur sain
te adoration.
6° La Mère supérieure fera
lire toujours le Chapitre 5me du
quatrième livre de l'imitation de
Jésus Christ, afin que les Sœurs

sachent bien : que l'amour divin
se nourrit et s'accroit dans les
fatigues, les peines et les souffran
ces ; et que tout parait doux à
celui qui aime véritablement ;
ainsi que ce n'est point à elles,
mais à leur mère à juger de
leurs dispositions, et qu'elles doi
vent toujours être prêtes à courir
aux pieds de J.C. pour puiser
dans son divin cœur, le remède
à leurs infirmités, et le dédommager de la délicatesse des
hommes qui ne veulent rien.

souffrir pour son Amour!.

7° La Mère Supérieure se rendra très familière la lecture du Saint Évangile selon St Jean, c'est dans ce livre divin, qu'elle puisera les lumières dont elle a besoin pour instruire ses filles, de la connoissance et de l'amour de Jesus-Christ afin qu'il ne se forme dans sa maison que des adoratrices en esprit et en vérité. Surtout qu'elle leur répette souvent ces paroles de leur divin Maître : ce que je fais, c'est afin que le monde connoisse que j'aime mon Père, et que je fais ce que mon Pere m'a commandé. C'est à l'amour de la volonté céleste, que les filles de Marie, Adoratrices du Cœur de Jésus doivent surtout s'attacher. C'est par l'obéissance à ce qu'il demande qu'il reconnoit ceux qu'il aime. La Mere supérieure s'appliquera donc à former ses filles aux solides vertus. C'est le moyen sûr pour soutenir la veritable ferveur. les voies extraordinaires sont rares et douteuses et souvent sujettes à l'illusion. Si le Seigneur se communique ainsi à quelques unes de ses Adoratrices,

Elle trouvera dans les livres Saints, et
dans une profonde humilité, les
lumières pour conduire suivant
l'attrait de la grace et les opérations
de l'esprit Saint, les ames qui lui
sont confiées, a ces deux moyens
elle joindra la prière et la recours
aux ministres du Seigneur.

8. elle prendra Jesus Christ toute sa
confiance sera dans la divine Mère
de cet aimable Sauveur, qu'elle n'oublie jamais que c'est cette glorieuse Vierge
qui a établie dans sa Congrégation
l'Adoration perpétuelle du Coeur
de son divin fils, et qu'elle en est

la protectrice. Avec quel zèle la Mere Supérieure, doit-elle remplir, et faire remplir ce saint exercice ; qu'elle se regarde toujours et qu'elle tienne à grand honneur, d'être la servante de la Mere de Dieu pour gouverner et servir ses cheres filles dans sa sainte maison - qu'elle s'adresse sans cesse à elle, comme à sa souveraine maîtresse, pour connaître toutes ses volontés et les exécuter fidèllement, c'est en étudiant le cœur de sa tres sainte mere, qu'elle apprendra ce que doit être une Adoratrice perpétuelle du Cœur de Jésus, c'est le cœur de Marie, qui dirigera le sien, et lui dictera le zèle et la prudence qu'elle doit avoir dans sa vigilante sollicitude pour l'adoration. enfin, que la Mère Supérieure, médite souvent cette parole du sacré cantique, si parfaitement accomplie en cette mère du Divin Amour : Ordinatis in me charitate... c'est par ces moyens, et par ceux qui lui sont tracés dans les Constitutions, qu'elle se rendra favorable et le Fils et la Mère, au jour redoutable où il lui faudra rendre compte et de son âme et de celles qui lui auront été confiées !

9°. L'amour de la Sainte Eglise Catholique, Apostolique, et Romaine est inséparable du véritable amour de Jésus-Christ, la Mère Supérieure aura donc un grand soin de fermer, diligemment la porte à toute nouveauté de doctrine, à ne conserver dans la maison que des livres dont les auteurs sont intacts, à inspirer à tout ce qui dépend d'elle un grand respect pour le Saint Siège et une grande soumission au Souverain Pontife, Vicaire de Jésus Christ, pour leur premier Siège

1770

et pour leurs supérieurs ecclésiastiques. Enfin qu'elle n'oublie
jamais que la sainte Eglise
est l'Epouse chérie du Cœur de
Jésus, et que par leur perpétuelle
adoration elles doivent sans cesse
la deffendre et l'aider à triom-
pher de ses ennemis.

Que le Seigneur perpétue
à jamais ces saintes dispositions
dans le cœur des filles de la
Congrégation de Notre Dame,
adoratrices perpétuelles du
sacré Cœur de Jésus [...] Romans

Les Stations De Jesus Souffrant.

A Lusage Des Religieuses, de La Congrégation De Notre Dame.

Abaye aux Bois. 1825.

1.

Les Sept Stations de Jésus Souffrant pour l'amour des hommes; et réciproquement, les sept demeures de l'ame compatissante, à son divin Jésus.

Avertissement

Après que la Mère Supérieure a fait l'annonce de la Station, on baise la terre, et on se rend au lieu où elle doit se faire, en récitant le P.S. Miserere.

Ceci s'observe à toutes les Stations.

4. Première Station, sur le Mont des Olives.

Première Vue de la tristesse et des regrets de Jésus pour les péchés des hommes.

Cette première station se fera pour honorer les Mystères qui se passèrent en ce triste lieu, et pour demander à notre doux Sauveur, que la volonté de Dieu son Père, s'accomplisse en nous, selon son bon plaisir: Que le Calice des amertumes qui se trouve en la Sainte Religion, passe pour nous, selon sa Sainte volonté, et non, selon la nôtre.

Antienne.

In monte oliveti, orávit ad Patrem; Pater si fieri potest, transeat à me calix iste: Spiritus quidem promptus est, caro autem infirma: fiat voluntas tua.

℣. O bone Jesu infunde nobis grátiam.

℟. Quam acquisisti sanguine tuo.

Oremus.

Respice, quæsumus Dómine, super hanc familiam tuam, pro qua Dóminus noster Jesus Christus non dubitávit mani-

2.

bus hædi nocéntium, & crucis subíre torméntum: Qui tecum.

Psaume. 6.

Dómine, ne in furóre tuo árguas me :* neque in ira tua corrípias me.

Miserére mei, Dómine, quóniam infírmus sum :* sana me, Dómine, quóniam conturbáta sunt ossa mea.

Et ánima mea turbáta est valdè :* sed tu, Dómine úsquequò?

Convértere, Dómine, & éripe ánimam meam :* salvum me fac propter misericórdiam tuam.

Quóniam non est in morte 6.
qui memor sit tui :* in inferno
autem quis confitébitur tibi.

Laborávi in gémitu meo, lavá-
bo per síngulas noctes léctum
meum :* Lacrymis meis stra-
tum meum rigábo.

Turbátus est à furóre óculus
meus :* inveterávi inter omnes
inimícos meos.

Discédite à me, omnes qui operá-
mini iniquitátem :* quóniam
exaudívit Dóminus vocem flêtus
mei.

Exaudívit Dóminus deprecatinem meam: * Dominus orationem meam suscépit.

Erubescant, & conturbentur vehementer omnes inimíci mei: * convertantur, & erubescant valdè velóciter.

Glória Patri, &c.

℣. Salvas fac ancillas tuas.

℟. Deus meus sperantes in te.

Oremus.

Deus, cui proprium est misereri semper et parcere, suscipe deprecatiónem nostram, ut nos & omnes, famulos tuos quos delictórum catena constringit, miserátio tuæ pietátis cleménter absolvat. P. C.

Prière.

O Père très saint! vous l'avez prononcé; il faut que, votre Fils bien aimé, accepte ce calice de douleur, que votre volonté soit faite. Ce sont vos paroles, ô mon divin Jésus! Votre cœur sacré, plongé dans la plus cuisante des amertumes, ne voulait éloigner, que le calice de mes crimes, et de mes ingratitudes. Ah! Seigneur, sans votre sanglante agonie, sans vos sacrifi=

ces. Sans vos supplices et votre mort précieuse, que serais-je devenue ? ah! mon Jesus, c'est moi, oui c'est moi, qui vous ai presenté cette coupe d'amertume, Quand elle sera passée dans votre Divin Cœur, le sang qu'elle vous fera répandre, lavera tous mes crimes, et mon ame, trouvant la véritable vie, dans l'agonie mortelle de son Sauveur, ne trouvera plus de délices, que dans les souffrances intérieures et extérieures, et ne vivra que pour aimer et glorifier à jamais, un Dieu agonisant et mourant d'amour pour la sauver.

2.me Station.

En la maison d'Anne. Seconde Vie, sur Jésus lié et prisonnier.

Cette Station se fera, pour honorer ce Mystère de J. C: pris, lié, et mené devant cet homme inique: maltraité indignement, et foulé aux pieds: et pour demander la grace a ce bon maître, d'imiter sa patience, sa douceur, et sa bonté; et aussi, pour l'exaltation de la Sainte Eglise. Miserere.

Antienne.

O bone Jesu, adoramus te quoniam tu solus Sanctus, tu solus Dóminus, tu solus altissimus, Jesu Christe.

On la dit 3. fois.

℣. Dómine Jesu aspice nos.

℟. Et miserére nobis.

Oremus.

Respice, quæsumus Dómine, super hanc familiam tuam, pro qua Dóminus noster Jesus Christus non dubitávit manibus tradi nocéntium, & crucis subire tormentum. Qui tecum &c.

Psaume 31.

Beáti, quorum remissæ sunt iniquitátes: * & quorum tecta sunt peccáta.

Beatus vir, cui non imputávit Dóminus peccátum: * nec est in spiritus ejus dolus.

Quóniam tácui inveteravérunt ossa mea: * dum clamárem totâ die:

Quóniam die ac nocte graváta est super me manus tua: * conversus sum in ærumna mea dum confígitur spina.

12. Delictum meum cognitum tibi feci: * & injustitiam meam non abscondi.

Dixi. Confitébor adversum me injustitiam meam Dómino: * & tu remisisti impietátem peccáti mei.

Pro hac orábit ad te omnis Sanctus; * in témpore opportúno.

Verumtamen in dilúvio aquárum multárum, * ad eum non approximábunt.

Tu es refugium meum à tribulatióne, quæ circúmdedit me *

exultátio mea, erue me à circumdántibus me.

Intellectum tibi dabo, & instruam te in via hac qua gradiéris:* firmábo super te óculos meos.

Nolite fieri sicut equus & mulus,* quibus non est intellectus.

In chamo et freno maxillas eorum constringe,* qui non appróximant ad te.

Multa flagella peccatóris:* Sperantem autem in Dómino misericórdia circúmdabit.

12.
Lætámini in Dómino, & exultáte, justi: & gloriámini, omnes recti corde:

Glória Patri, &c.

℣. Salvas fac ancillas tuas.

℟. Deus meus Sperantes in te.

Oremus.

Deus, cui proprium est misereri semper & parcere, suscipe deprecatiónem nostram, ut nos et omnes, famulos tuos quos delictórum catena constringit, miserátio tuæ pietátis cleménter absolvat. P. C.

Prière.

O Mon divin Jésus, je vous adore dans vos liens. La force du divin Amour enchaîne, celui qui brise toutes les chaînes. Ah! Seigneur, faites que celles de mes péchés soient détruites par la vertu de vos liens sacrés. O Verbe divin! faites entendre à mon ame, cette parole de vie: C'est moi. Elle fut un coup de foudre, pour vos persécuteurs; ils furent renversés sans être convertis. Ah! Divin Jesus, par votre grâce, elle produira dans mon ame, un effet tout contraire. Cette parole toute puissante, après avoir renversé mon orgueil, ma propre volonté, ma délicatesse; m'élevera vers vous, Seigneur, et me fera pratiquer généreusement l'humilité, l'obéissance et la patience, à l'exemple de mon Dieu, couvert de confusion pour mon amour.

3.eme Station.

En la maison de Caïphe.

Troisième vue de Jesus, outragé toute la nuit, par les valets de Pilate.

Cette troisième Station se fera,
pour honorer toutes les Souffrances,
affronts, mépris et confusions, que
Jésus reçut en ce lieu : et pour
demander à ce bon Maître, la
grace de bien mettre à profit, les
occasions de mépris et de confusion qui se rencontrent, à l'imitation, et en union de celles qu'il a
endurées; et pour la conversion
des pauvres pécheurs.

Miserere mei Deus.

Antienne.

O Bone Jesu, tu es Christus

18. Filius Dei vivi: tibi laus, honor, glória; et nobis confusio.

℣. Protector noster aspice Deus.

℟. Et respice in faciem Christi tui.

Oremus.

Respice, quæsumus Dómine, super hanc familiam tuam, pro qua Dóminus noster Jesus Christus non dubitávit manibus tradi nocéntium, & crucis subire tormentum. Qui tecum &c.

Psaume. 37.

Dómine, ne in furóre tuo árguas me: *neque in ira tua corrípias me.

Quóniam sagittæ tuæ infixæ sunt mihi:* & confirmâsti super me manum tuam.

Non est sánitas in carne mea à fácie iræ tuæ:* non est pax óssibus meis à fácie peccatórum meórum.

Quóniam iniquitátes meæ supergressæ sunt caput meum:* & sicut onus grave gravátæ sunt super me.

Putruérunt & corruptæ sunt cicatríces meæ:* à fácie insipiéntiæ meæ.

20. Miser factus sum, & curvátus
sum usque in finem: * tota die
contristátus ingrediébar.

Quóniam lumbi mei impléti
sunt illusiónibus: * & non est
sánitas in carne mea.

Afflictus sum, & humiliátus
sum nimis: * rugiébam à gémitu cordis mei.

Dómine, ante te omnes desi-
dérium meum: * & gémitus meus à te non est abscónditus.

Cor meum conturbátum est,
derelíquit me virtus mea: * & lu-

men oculórum meórum, & ip-
sum non est mecum.

Amíci, & próximi mei, adver-
sùm me appropinquavérunt;* &
stetérunt.

Et qui juxta me erant, de
longe stetérunt:* & vim faciébant
qui quærébant ánimam meam.

Et qui inquirébant mala mihi,
locúti sunt vanitátes:* & dolos to-
tã die meditabántur.

Ego autem tamquam surdus
non àudiébam;* & sicut mutus
non apériens os suum.

22. Et factus sum sicut homo non aúdiens,* & non habens in ore suo redargutiónes.

Quóniam in te, Dómine, sperávi:* tu exáudies me, Dómine Deus meus.

Quia dixi, Nequando supergaudeant mihi inimici mei:* & dum commoventur pedes mei, super me magna locúti sunt.

Quóniam ego in flagella parátus sum:* & dolor meus in conspectu meo semper.

Quóniam iniquitátem meam

annuntiábo:* & cogitábo pro peccáto meo.

Inimíci autem mei vivunt, & confirmáti sunt super me:* & multiplicáti sunt qui odérunt me iníque.

Qui retríbuunt mala pro bonis, detrahébant mihi:* quóniam sequébar bonitátem.

Ne derelínquas me, Dómine Deus meus:* ne discésseris à me.

Inténde in adjutórium meum,* Dómine, Deus salútis meæ.

Glória Patri, &c.

℣. Salvas fac ancillas tuas.

℟. Deus meus Sperantes in te.

Oremus.

Deus, cui proprium est misereri semper & parcere, suscipe deprecatiónem nostram, ut nos et omnes, famulos tuos quos delictórum catena constringit, miserátio tuæ pietátis clementer absolvat. P. C.

Prière.

Oui mon Divin Sauveur, vous êtes le Fils de Dieu, et c'est pour cela que vous devez mourir. O Victime seule digne de Dieu! Père très saint; je vous offre ce Fils adorable, l'objet de toutes vos complaisances; mais à vous, ô divin Jésus! je vous offre mon cœur; imprimez-y les traits sacrés qui transpercent le vôtre, regarde, ô mon ame! regarde, la fasse adorable de ton sauveur, couverte de soufflets, de crachats et d'ignominies. non je ne puis plus rien désirer, que les confusions et les mépris, non je ne puis plus rien aimer, que l'amour immolé pour moi.

Pater noster. 5.

26. 4.me Station.

En la Maison d'Hérode.

Quatrième vue de Jésus baffoué par le grand prêtre, et regardé comme un fou.

Cette quatrième Station se fera, pour honorer les Souffrances, confusions et moqueries que Jésus reçut en ce lieu, et pour lui demander de participer à son esprit de croix et de mortification. Ce sera aussi pour les nécessités de L'Eglise. Miserere mei Deus.

Antienne.

Eram quasi Agnus innocens ductus sum ad immolandum & nesciebam, concilium fecerunt inimici mei adversum me, dicentes: Venite mittámus lignum in pánem ejus, et eradámus eum de terra viventium.

℣. Deus meus eripe me de manu peccatórum.

℟. Et de manu contra legem agentis et iniqui.

Oremus.

Respice, quæsumus Dómine, super hanc familiam tuam, pro qua Dóminus noster Jesus Christus non dubitávit manibus tradi nocéntium,

& crucis subire tormentum. Qui &c.

Psaume. 101.

Dómine, exáudi oratiónem meam:*
& clamor meus ad te véniat.

Non avertas fáciem tuam à
me:* in quacumque die tríbulor,
inclína ad me aurem tuam.

In quacumque die invocávero te:*
velóciter exáudi me.

Quia defecérunt sicut fumus dies
mei:* & ossa mea sicut crémium
aruérunt.

Percússus sum ut fœnum, &
áruit cor meum:* quia oblítus sum
comédere panem meum.

A voce gemitûs mei,* adhæsit os meum carni meæ.

Similis factus sum pellicáno solitúdinis:* factus sum sicut nycticorax in domicílio.

Vigilávi,* & factus sum sicut passer solitárius in tecto.

Tota die exprobrábant mihi inimíci mei:* & qui laudábant me, adversum me jurábant.

Quia cínerem tamquam panem manducábam;* & potum meum cum fletu miscébam:

A fácie iræ & indignatiónis tuæ;* quia élevans allisísti me.

30.

Dies mei sicut umbra declinavérunt: * & ego sicut fœnum árui.

Tu autem, Dómine, in ætérnum pérmanes: * & memoriále tuum in generatiónem et generatiónem.

Tu exurgens miseréberis Sion: * quia tempus miserendi ejus, quia venit tempus

Quóniam placuérunt servis tuis lápides ejus: * & terræ ejus miserebuntur.

Et timébunt gentes nomen tuum, Dómine; * & omnes reges terræ glóriam tuam.

Quia ædificávit Dóminus Sion *

& vidébitur in glória sua.

Respéxit in oratiónem humílium: * & non sprevit precem eórum.

Scribántur hæc in generatióne áltera: * & pópulus qui creábitur, laudábit Dóminum.

Quia prospéxit de excélso Sancto suo; * Dóminus de cælo in terram aspéxit:

Ut audíret gémitus compeditórum; * ut solveret fílios interemptórum.

Ut annúntient in Sion nomen Dómini; * & laudem ejus in Jerúsalem:

In conveniendo pópulos in unum:* & reges, ut serviant Dómino.

Respondit ei in via virtútis suæ:* Paucitátem diérum meórum núntia mihi.

Ne révoces me in dimídio diérum meórum:* in generatiónem & generatiónem anni tui.

Inítio tu, Dómine, terram fundâsti:* & ópera mánuum tuárum sunt cœli.

Ipsi peribunt, tu autem pérmanes:* & omnes sicut vestimen veterascent.

Et sicut opertórium mutábis

ess, & mutabuntur; * tu autem i-
dem ipse es, & anni tui non deficient.
Filii Servórum tuórum habitá-
bunt: * & semen eórum in sécu-
lum dirigétur.

Glória Patri. &c.

V. Salvas fac ancillas tuas.

R. Deus meus sperántes in te.

Orémus.

Deus, qui proprium est misereri
semper et parcere, suscipe de-
precatióne nostram, ut nos et omnes, famulos tuos quos delictórum
catena constringit, miserátio tuæ
pietátis cleménter absolvat. P. C.

Prière.

Où allez-vous divin Jésus ? les rues de Sion, selon l'expression du Prophète, doivent verser des larmes sur le crime de ses enfans. La malheureuse Jérusalem, ne veut plus voir en vous, qu'un homme frappé de Dieu ; elle vous considère avec joie rassasié d'opprobres ; et votre cœur divin, brûle encore d'amour pour elle.

O Ciel ! qu'ai-je entendu ? la sagesse éternelle est traitée de folie ; esprit de Jésus, vous avez vos supplices ainsi que votre corps

adorable, et votre cœur sacré.
Robe blanche de Jésus, vous êtes le symbole de la robe nuptiale qu'il m'a méritée par ses souffrances. On vous en revêt, ô mon adorable Maître, par dérision; cette humiliation que vous recevez pour moi, terrasse mon orgueil. Ah! divin Sauveur, couvert de confusion, je vous adore dans un profond silence. Pater noster.

5.me Station.

En la maison de Pilate.

Cinquième vue sur Jésus couvert de sang, depuis la tête jusqu'aux pieds.

Cette cinquième Station se fera, pour honorer les Souffrances de notre Seigneur dans sa cruelle flagellation, et pour lui demander une grande pureté de cœur et d'esprit, un Souverain mépris des honneurs et des choses de la terre. et aussi pour les nécessités de ce Royaume et les besoins de cette communauté. Miserere mei.

Antienne.

Ecce vidimus eum non habentem speciem, neque decórem: aspectus ejus in eo non est; hic peccata nostra portávit, et pro nobis dolet: ipse autem vulnerátus est propter iniquitates nostras, cujus livore sanati sumus.

℣. Vere langores nostros ipse tulit.
℟. Et dolores nostros ipse portávit.

Orémus.

Respice, quæsumus Dómine, super hanc familiam tuam, pro qua Dóminus noster Jesus Christus non dubitávit manibus tradi nocéntium, & crucis subire tormentum. Qui tecum &c.

Pseaume 142.

Dómine, exáudi oratiónem meam; áuribus pércipe obsecratiónem meam in veritáte tua: * exáudi me in tua justítia.

Et non intres in judícium cum servo tuo: * quia non justificábitur in conspectu tuo omnis vivens.

Quia persecútus est inimícus ánimam meam: * humiliávit in terra vitam meam.

Collocávit me in obscúris sicut mórtuos sǽculi: * & anxiátus est super me spíritus meus; in me turbátum est cor meum.

Memor fui diérum antiquórum, meditátus sum in ómnibus opéribus tuis: * in factis mánuum tuárum meditábar.

Expandi manus meas ad te: * ánima mea sicut terra sine aqua tibi.

Velóciter exáudi me, Dómine: * defécit spíritus meus.

Non avertas fáciem tuam à me: * & símilis ero descendéntibus in lacum.

Audítam fac mihi mané misericórdiam tuam: * quia in te sperávi.

Notam fac mihi viam, in qua ámbulem: * quia ad te levávi ánimam meam.

Eripe me de inimícis meis,

Dómine; ad te confúgi: * Doce me fácere voluntátem tuam, quia Deus meus es tu.

Spíritus tuus bonus dedúcet me in terram rectam: * propter nomen tuum, Dómine, vivificábis me in æquitáte tua.

Edúces de tribulatióne ánimam meam: * & in misericórdia tua disperdēs inimícos meos.

Et perdes omnes qui tríbulant ánimam meam: * quóniam ego servus tuus sum.

Glória Patri. &c.

℣. Salvas fac ancillas tuas.

℟. Deus meus sperántes in te.

Orémus.

Deus, cui proprium est miserèri semper & parcere, suscipe deprecatiónem nostram, ut nos et omnes, fámulos tuos quos delictórum catena constringit, miserátio tuæ pietátis cleménter absolvat. P. C.

Prière.

Ecce homo! oui voila l'homme: C'est l'homme de douleur; rassasié d'opprobres. Chair sacrée, meurtrie et déchirée par une sanglante et honteuse flagellation; Visage adorable, défiguré par les coups et les ignominies. Chef divin couronné d'épines. Sagesse éternelle insultée, méprisée. Sainteté infinie mise en parallèle avec un scélérat. Ecce homo ! oui voilà l'homme, et le plus beau des enfans des hommes. Père saint, voilà votre Fils, l'image de votre beauté, la splendeur de votre gloire ; Ah ! il ne porte plus que les traits de mes péchés. C'est à mon ame criminelle qu'il est devenu semblable. O péché ! contemple ton ouvrage. Mais vous ô Marie ! mère de ce Divin Sauveur, venez il en est temps, Jésus est condamné, on le charge de sa croix, venez m'apprendre à le suivre. C'est en marchant sur vos traces, que je veux l'accompagner sur le Calvaire. Allons mon ame, suivons Jésus et Marie: le cœur de la mère sera crucifié avec son divin Fils. C'est pour moi que vous allez à la mort, ô mon très aimable Sauveur. Ah! je vous en conjure, faites mourir en moi tout ce qui vous fait mourir.

6.me Station.

Sur le Calvaire.

Sixième vue sur Jésus crucifié.

22.

Cette sixième Station se fera pour honorer tous les mystères qui se passèrent sur la Croix où Jésus fut étendu et cloué. Il y fut abreuvé de fiel et de vinaigre, une lance cruelle lui perça le côté; ce fut sur ce lit de douleur que l'auteur de la vie perdit la sienne.

Prions le Père éternel, de nous regarder en la face de son divin Fils, demandons lui, par les mérites de ce Fils bien aimé, la sanctification et l'entière conversion de notre ame, celle de cette Communauté et de nos parents et amis.

Miserére mei Deus.

Antienne.

Ecce lignum crucis in quo Salvátor mundi pepéndit, venite adorémus, Dómine, tuam gloriósam mortem recólimus miserére nostri qui passus es pro nobis.

℣. Adorámus te Christe et benedícimus tibi. ℟. Quia per crucem tuam sanctam redemisti mundum.

Orémus.

Respice, quæsumus Dómine, super hanc familiam tuam, pro qua Dóminus noster Jesus Christus non dubitávit mánibus tradi nocéntium

& crucis subire tormentum: Qui tecum.

Psaume. 21.

Deus Deus meus, réspice in me; quare me dereliquisti: *longe à salute mea verba delictórum meórum.

Deus meus, clamábo per diem, & non exáudies: *& nocte, & non ad insipientiam mihi.

Tu autem in sancto habitas: * laus Israël.

In te speravérunt patres nostri: * speravérunt, & liberasti eos.

Ad te clamavérunt, & salvi facti sunt: *in te speravérunt, et non sunt confusi.

Ego autem sum vermis, & non homo: * opprobrium hóminum, & abjéctio plebis.

Omnes vidéntes me, derisérunt me: * locúti sunt labiis, & movérunt caput.

Sperávit in Dómino, erípiat eum: * salvum fáciat eum, quóniam vult eum.

Quóniam tu es, qui extraxísti me de ventre: * spes mea ab ubéribus matris meæ.

In te projéctus sum ex útero: *

de ventre matris meæ, Deus meus
es tú, ne discesseris à me.
Quóniam tribulátio próxima est:*
quóniam non est qui ádjuvet.
Circumdedérunt vítuli multi:*
tauri pingues obsedérunt me.
Aperuérunt super me os suum:*
sicut leo rápiens et rúgiens.
Sicut aqua effusus sum:* &
dispérsa sunt ómnia ossa mea.
Factum est cor meum tanquam
cera liquescens:* in medio ventris mei.
Aruit tanquam testa virtus
mea, & lingua mea adhæsit fau-
cibus meis:* & in púlverem mortis

deduxísti me.

Quóniam circúmdedérunt me canes multi:* concílium malignántium obsédit me.

Fodérunt manus meas & pedes meos:* dinumeravérunt ómnia ossa mea.

Ipsi vero consideravérunt, & inspexérunt me:* Divisérunt sibi vestiménta mea, & super vestem meam misérunt sortem.

Tu autem, Dómine, ne elongáveris auxílium tuum à me:* ad defensiónem meam cónspice.

Erue à frámea, Deus, aní-

10

-nam meam, * & de manu canis únicam meam.

Salva me ex ore leónis: * & à córnibus unicórnium humilitátem meam.

Narrábo nomen tuum frátribus meis: * in médio Ecclésiæ laudábo te.

Qui timétis Dóminum, laudáte eum: * univérsum semen Jacob, glorificáte eum.

Tímeat eum omne semen Israël: * quóniam non sprevit, neque despéxit deprecatiónem páuperis.

Nec avértit fáciem suam à

me :* & cum clamárem ad eum ; exaudívit me.

Apud te laus mea in ecclésia magna :* vota mea reddam in conspectu timéntium eum.

Edent páuperes, & saturabuntur, & laudábunt Dóminum, qui requirunt eum :* vivent corda eórum in sǽculum sǽculi.

Reminiscéntur & converténtur ad Dóminum :* universi fines terræ.

Et adorábunt in conspectu ejus, universæ famíliæ géntium.

Quóniam Dómini est regnum :* & ipse dominábitur géntium.

12.
Manducavérunt & adoravérunt omnes pingues terræ: * in conspectu ejus cadent omnes qui descendunt in terram.

Et ánima mea illi vivet: * & semen meum sérviet ipsi.

Annuntiábitur Dómino generátio ventura: * & annuntiábunt cœli justitiam ejus, populo qui nascétur, quem fecit Dóminus.

Glória Patri. &c.

℣. Salvas fac ancillas tuas.

℟. Deus meus sperantes in te.

Orémus.

Deus, cui proprium est miseréri semper

& parcere, suscipe deprecationem nostram, ut nos et omnes, famulos tuos quos delictorum catena constringit, miseratio tuæ pietatis clementer absolvat : Per Christum D. N.

Prière.

Quel spectacle ! que vois-je sur cette Croix ? est-ce un Dieu ? est-un homme ? O mon cœur ! C'est l'un et l'autre ; c'est ton Dieu ; il veut te sauver : mes il est homme, et il souffre pour toi, tout ce que tu mérites de souffrir. O Dieu ! vous êtes satisfait, la réparation surpasse l'offence : je n'ai plus à craindre les coups de votre justice

-le divine; Jésus, ils sont tombés sur vous, pour me rendre digne de miséricorde. Je contemple vos playes, et j'y lis avec confiance l'arrêt favorable de ma grace et de mon salut. O Croix précieuse! je vous adore, je m'attache à vous, pour vivre et mourir entre vos bras. Sang adorable de mon Jésus, coulez sur moi, et je serai purifiée. Vie mourante de mon Sauveur, pénétrez je vous en conjure, jusqu'au plus intime de mon âme, afin que je ne vive plus que de votre vie, pour devenir une véri-

table Epouse de Jesus crucifié!
O Divine Mère de mon Sauveur!
faites moi part de votre constance
et de votre Amour: et qu'à votre
exemple, je sache boire le vin dé
licieux des amertumes de la croix.
Jesus a tout consommé, il meurt
et me donne la vie, Ah! Seigneur,
c'est dans l'ouverture de votre Coté
sacré, et de votre divin cœur,
que je veux m'énivrer de l'amour
de votre mort, pour vivre et mou
rir de votre Amour. Pater...

7.me Station.

Au Sépulcre.

16. Septième vue sur Jésus enseveli au Tombeau.

Cette septième Station est celle du Saint-Sépulchre, où Jésus fut inhumé et enseveli après sa mort. nous la ferons, pour honorer l'état de mort de cet Homme-Dieu, et lui demander affectueusement de nous ensevelir en lui dans l'ouverture de son sacré côté, de reposer dans son cœur divin, dans la plaie de la sainte dilection, et qu'il remplisse notre cœur de son divin Amour. nous la ferons aussi pour le repos de l'âme des fidèles trépassés.

Miserere mei Deus.

Antienne.

Sepulto Domino signatum est monumentum volventes lapidem ad ostium monumenti, ponentes milites qui custodirent illum.

℣. In pace in idipsum

℟. Dormiam et requiescam.

Oremus.

Respice, quæsumus Domine, super hanc familiam tuam, pro qua Dominus noster Jesus Christus non dubitavit manibus tradi nocentium, & crucis subire tormentum. Qui tecum vivit et regnat.

18. Stabat Mater dolorosa,
Juxta crucem lacrymosa,
Dum pendebat Filius.
Cujus ánimam gementem,
contristantem & dolentem,
Pertransivit gladius.
O quam tristis & afflicta,
Fuit illa benedicta,
Mater Unigéniti.
Quæ mœrebat, & dolebat,
Et tremebat cum videbat,
Nati pœnas inclyti.
Quis est homo, qui non fleret,
Christi Matrem si videret,
In tanto supplicio.
Quis posset non contristari,

Piam Matrem contemplári,
Dolentem cum Filio.
Pro peccátis suæ gentis,
Vidit Jesum in tormentis,
Et flagellis subditum.
Vidit suum dulcem natum,
Moriéntem, desolatum,
Dum emisit Spíritum.
Eia Mater, fons amóris,
Me sentire vim doloris;
Fac ut tecum lugeam.
Fac ut ardeat cor meum,
In amando Christum Deum,
Ut sibi complaceam.
Sancta Mater, istud agas,
Crucifixi fige plagas,

Cordi meo valide.

Cui nati vulnerati,
Jam dignati pro me pati,
Pœnas mecum divide.

Fac me vere tecum flere,
Crucifixo condolere,
Donec ego vixero.

Juxta crucem tecum stare,
Te libenter sociare
In planctu desidero.

Virgo virginum præclara,
Mihi jam non sis amara:
Fac me tecum plangere.

Facut portem Christi mortem,
Passionis ejus sortem,

Et plagas recolere.

Fac me plagis vulnerári.
Cruce hâc inebriári,
Ob amórem Filii.

Inflammatus & accensus,
Per te, Virgo, sim defensus,
In die judicii.

Fac me cruce custodiri,
Morte Christi præmuniri,
Confoveri gratiâ.

Quando corpus morietur,
Fac ut animæ donetur,
Paradisi glória.

℣. Ora pro nobis, virgo dolorosissima,
℟. Ut digni efficiamur promis-

Sionibus Christi.

Oremus.

Interveniat pro nobis, quæsumus, Dómine Jesu Christe nunc et in horâ mortis nostræ, apud tuam clementiam beata Virgo Maria mater tua, cujus sacratissimam animam in hora tuæ passiónis dolóris gladius pertransivit per te Jesu Christe Salvator mundi. P. C. D. N.

Prière.

Je vous adore, ô Dieu caché et enseveli. Votre sacré corps repose dans le silence de la mort, et votre sainte âme va porter la vie à tous les justes qu'elle a sauvés. Approche mon âme, approche avec confiance de cette tombe précieuse, qui te dérobe la vue de ton Sauveur, et de ton Dieu. Ah! bon Jesus, que ce silence de mort est éloquent, et qu'il parle admirablement à mon cœur. Vos ennemis sont satisfaits: leur rage est assouvie, ils ont disparu. Je suis en possession de ce précieux trésor, je puis m'approcher en liberté, et lui rendre mes adorations, l'arroser de mes larmes et les confondre avec le

64.
Sang précieux dont ce saint lieu
est baigné. Ah! divin Jésus
puisque votre Sépulchre a été
glorieux, faites moi part de cette
gloire en m'ensevelissant avec vous,
par une mort entière à moi-même.
cachez moi dans votre sein et dans
votre Cœur sacré, que j'y sois ense-
velie, pour y jouir des délices
de votre amour; que je vive pour
votre amour, que je meures dans votre
amour; afin de remettre mon esprit
dans les bras de votre miséricorde et
de votre Amour; pour jouir à jamais
de vos saints embrassements et de vo-

tre gloire : fruits précieux de votre mort triomphante et de votre inestimable rédemption.

O mon Sauveur ! me voici contente, en vous seul mon âme et mon corps, reposent éternellement dans les délices du divin Amour, avec Jésus mon amour et ma vie, avec Marie ma tendre mère ; la Mère du Saint Amour. Amen.

A la Procession du Jeudi saint.

1.r ✝ ℟.

us-que ad mortem, sustinete hic
et vigiláte me-cum nunc vi-
débitis tur-bam quæ circumdá-
bit me. ℟. Vos fu-gam capi-
e-tis & ego vadam imolári pro
vo-bis. ℣. Ecce appropinquat ho-

ra, & fili-us hóminis tradetur in
manus peccató-rum. Vos fu.
2um ℟.
Ec-ce vidimus e-um
non habentem speci-em neque
decorem aspectus e-jus, in e-o
non est, hic peccáta nostra por-

ta - vit: et pro nobis do - let ip - se -
autem vulnerátus est propter iniquitátes nostras. ℟. Cujus livó - re
sanáti su - mus. ℣. Vere languo-
res nostros ipse tu - lit, & dolóres nostros ipse portá - vit. ℟. Cujus.

O crux, ave, spes única,
Hoc passiónis tempore,
Auge piis justítiam,
Reisque dona véniam.

Te summa Deus Trínitas
Collaudet omnis spíritus
Quos per crucis mystérium
Salvas, rege per sécula. Amen.

℣. Dedérunt in escam meam fel.
℟. Et in siti mea potavérunt me aceto.

Orémus.

Réspice, quæsumus Dómine, super hanc famíliam tuam, pro qua Dóminus noster Jesus Christus non dubitávit mánibus tradi nocéntium, & crucis subíre torméntum, Qui tecum.

www.ingramcontent.com/pod-product-compliance
Lightning Source LLC
LaVergne TN
LVHW021513170726
843501LV00004B/842

* 9 7 8 2 3 2 9 6 1 3 4 6 8 *